마법의
심리테스트
Self testing

나카지마 마스미 지음
명성현 옮김

이젠

| 들어가는 말 |

'나는 왜 이렇게 느끼는 걸까?'
'다른 사람은 나를 어떤 사람이라고 생각하고 있을까?'
'저 사람은 왜 저런 식으로 반응할까?'
'모두 어떻게 생각하고 있을까?'

"천 길 물속은 알아도 한 길 사람 속은 모른다"는 속담이 있듯 알쏭달쏭한 사람의 속마음. 사람의 마음이란 단순하면서도 복잡하기도 하고, 복잡할 것 같은데 의외로 단순하기도 하다. 이런 마음속 소리를 심리 테스트를 통해 들어보자.
너무 딱딱하면 재미가 없고, 재미삼아 해보는 테스트는 뭔가 부족한 것 같은 이들을 위한 제대로 된 심리 테스트!
친구, 동료와 함께 하면 즐거움이 배가 되고, 사랑하는 사람과 함께 하면 서로에 대해 깊이 이해할 수 있어 사랑을 키워가는 데 안성맞춤인 심리 테스트!
물론 혼자서 조용히 해보면서 자신을 알아가는 것도 좋은 방법이다. 그럼 시작해볼까?

―나카지마 마스미

| CONTENTS |

들어가는 말   3
갈팡질팡하는 사람을 위한 심리 테스트!   4

제 1 장   내 마음을 꼭 집어내네?

Cartoon   도대체 나는 뭘까?   12

TEST 01   곰 인형의 혼잣말은?   14
TEST 02   여행지에서 찍은 기념사진   18
TEST 03   내가 그린 한 폭의 풍경화   24
TEST 04   들어가 있는 곳은 어떤 상자?   28
TEST 05   어떤 태양을 그릴까?   34
TEST 06   길 한가운데를 막은 커다란 바위!   38
TEST 07   나무 그림을 어떻게 완성할까?   42
TEST 08   남은 수명이 일주일이라면?   46
TEST 09   묶여 있는 동물이 나라면?   50
TEST 10   오랜만에 만난 동창이 신데렐라가 되었다!   54
TEST 11   이삿짐 속에 섞인 버릴 물건들   58
TEST 12   싫어하는 사람의 싫은 면은 어떤 것?   62
TEST 13   내 정신연령은 어느 단계일까?   65

Column   마음속 네 개의 창문   70

제 2 장 인간관계 스트레스에서 해방!

| Cartoon | 사람 사귀는 건 정말 어려워요~ | 72 |

TEST 14	어머나! 바퀴벌레다!	74
TEST 15	여러 일이 겹칠 때 우선순위는?	78
TEST 16	휴대폰은 나에게 어떤 존재인가?	82
TEST 17	얼마나 팔방미인에 가까운가?	85
TEST 18	마지막 남은 케이크 한 조각	90
TEST 19	엉켜버린 실타래	94
TEST 20	구사일생으로 살아남은 사람의 절규	98
TEST 21	회의 중에 내가 하고 싶은 말은?	102
TEST 22	그릇은 몇 개나 필요할까?	106
TEST 23	나는 얼마나 카리스마 있는 사람인가?	110
TEST 24	누가 생각나는가?	114

| Column | 입버릇으로 아는 마음속 진실 | 118 |

| CONTENTS |

제3장 나와 궁합이 맞는 연인을 찾으려면?

| Cartoon | 사랑의 미로에서 꺼내주세요! | 120 |

TEST 25	탐정의 필수품	122
TEST 26	어떤 속옷을 살까?	126
TEST 27	놀이공원 아르바이트	130
TEST 28	나는 사랑의 주인공이 될 수 있을까?	134
TEST 29	어떤 물고기가 잡혔을까?	138
TEST 30	시든 꽃을 바라보며 하는 말	144
TEST 31	연인과의 궁합을 알아보자!	148
TEST 32	도둑맞은 보물	152
TEST 33	이 지하철을 타면 운명이 바뀔까?	156
TEST 34	길 안내를 어떤 동물에게 부탁할까?	160
TEST 35	어떤 아이스크림을 먹을까?	164
TEST 36	그에게 자동차란? 그녀에게 가방이란?	168

| Column | 상대가 나를 좋아하게 하는 기술 | 172 |

제4장 내가 꿈꾸는 돈, 직업, 다이어트

| Cartoon | 슈퍼모델이 되고 싶어! | 174 |

TEST 37	내가 앉고 싶은 의자는?	176
TEST 38	동전 세 개를 골라라	180
TEST 39	꽃병을 깨뜨린 범인으로 몰린다면?	184
TEST 40	나에게 가장 어울리는 직업은?	187
TEST 41	친구가 사고를 당해 병원에 입원했다면?	192
TEST 42	추격자로부터 도망쳐라!	196
TEST 43	어떤 집에서 살고 싶은가?	202
TEST 44	그녀의 공주 기질은?	206
TEST 45	나만의 최고 다이어트 방법은?	209

| Column | 좋은 인간관계를 맺는 다섯 가지 능력 | 214 |

| CONTENTS |

제 5 장 미래의 나를 위해 축배!

Cartoon	장래가 불투명한 건 의미 없어!	216
TEST 46	아저씨 기질, 아줌마 기질은 어느 정도인가?	218
TEST 47	산 정상에서 내려다본 경치	226
TEST 48	도깨비 소굴에서 보물을 찾으려면?	232
TEST 49	특별한 알에서 무엇이 태어날까?	236
TEST 50	세 곳의 파티에서 동시에 초대받으면?	240
TEST 51	마녀에게서 받은 선물	244
TEST 52	풍선이 날아가는 곳은?	248
	마치면서	252

제1장

지금껏 몰랐던 진짜 나를 만나보자!

내 마음을 꼭 집어내네?

"도대체 나는 뭘까?"

Test 01

곰 인형의 혼잣말은?

아무도 없는 방 한구석에 곰 인형이 혼자 앉아 있다. 이 곰 인형이 혼잣말로 뭐라고 했을까? 다음 중에서 마음에 드는 것을 골라보자.

A "나는 여기 왜 있는 걸까?"

B "나는 누구일까?"

C "나는 앞으로 어떻게 될까?"

Test 01 진단 결과

이 테스트에서는 당신이 자신에게 어떤 거짓말을 하는지 알 수 있다.

방 한구석에 외롭게 앉아 있는 곰 인형은 어릴 적 자신의 모습을 상징한다. 곰 인형의 혼잣말은 누구나 어릴 적에 생각했던 '인생에 대한 의문'을 표현한 내용이다. 이 내용을 통해 각자가 가지고 있는 태생적 지성의 특징을 파악할 수 있다.

선택한 사람

신체의 지성이 발달한 사람

본능적인 직관력이 탁월하여 신체적인 지성이 발달한 사람이다. 생각하기 전에 행동이 앞서는 사람으로, 몸이 움직이지 않으면 머릿속이 정리가 되지 않는다. 경험을 바탕으로 사물을 판단하는 성향이 강하다. 굳건하게 서 있는 이미지로 존재감이 매우 크게 느껴지는 유형이다.

선택한 사람

감정의 지성이 발달한 사람

사물을 마음으로 받아들이는 감정적인 지성이 발달한 사람이다. 자신의 감정을 중시하며 느낌으로 사물을 판단하려고 한다. 이런 특성 때문에 주관적 판단기준에 따라 결단을 내리기 쉽다. 스스로 자기를 평가하는 이미지와 다른 사람에게 비춰지는 자신의 모습을 중요하게 생각하므로 따뜻하고 부드러운 이미지의 사람이 많다.

C 머리의 지성이 발달한 사람

머리 지성이 발달한 사람으로 모든 사물을 머리로 생각하고 머리로 받아들이려고 한다. 추상적인 사고와 이해력이 뛰어나므로 컴퓨터와 게임을 잘하는 사람이 많다. 단 머릿속에 여러 가지 아이디어가 동시에 떠오르기 때문에 결단을 내리기까지 오랜 시간이 걸린다.

> 인간의 지성에는 머리로 생각하는 '사고 능력' 외에도 마음으로 느끼는 '감정의 능력', 몸이 느끼는 '본능적인 직관 능력'이 있다. 이 세 가지 지성 중에서 어떤 것이 발달했느냐는 사람마다 다르기 때문에 사물을 판단하는 방법과 생각이 각기 다르다.

Test 02

여행지에서 찍은 기념사진

여행지에서 기념사진을 찍었다. 나라면 어떻게 찍었을까? 마음에 드는 사진 한 장을 골라보자.

A 내 얼굴만 클로즈업

B 친구들과 함께

C 관광 명소에서 독사진

D 배경을 중심으로

E 배경만

Test 02 진단 결과

선택한 사진으로 기본적인 성격을 알 수 있다.

클로즈업을 좋아하는 사람, 친구들과 함께 찍기를 좋아하는 사람, 기념탑 앞에 서서 찍기를 원하는 사람 등. 어떤 사진을 좋아하는지를 알아보는 것만으로도 그 사람의 성격을 파악할 수 있다. 특히 여행지에서 기념사진을 찍을 때 보이는 행동 유형은 그 사람의 기본 성격을 대변해주는 중요한 요소가 된다.

선택한 사람

A 대중 앞에 서기 좋아하는 행동파

특징 뭐든지 열정적으로 일을 처리하는 행동파. 자신감이 넘치고 다른 사람보다 눈에 띄는 것을 좋아한다.

장점 통솔력이 있고 리더십이 강해서 팀을 이끄는 능력이 탁월하다. 칭찬을 잘하는 성격으로 다른 사람의 의욕을 불러일으켜 성취도를 높이는 능력이 있다.

단점 뭐든지 자기가 최고가 아니면 만족하지 못하는 성격이 옥의 티.

원만한 대인관계를 중요하게 생각하는 사람

선택한 사람

특징 무슨 일이든 성실하게 임하는 솔선수범형.

장점 상사와 선배 등 윗사람에게는 예의바르고, 친구와 동료에게 인기가 많은 활발한 성격. 다른 사람이 꺼려하는 일도 마다하지 않는, 모두를 위해 기꺼이 나서서 하는 헌신적인 면이 있다.

단점 다른 사람들을 너무 의식하고 겉과 속이 다른 경우가 많다.

성실하고 성취욕이 강한 노력파

선택한 사람

특징 이상이 높으며 성실하고 누구보다도 성취욕이 강한 유형. 스스로에게 엄격하며 뭐든지 열심히 하는 사람이 많다.

장점 의지력과 지구력이 강해서 꼭 해야 하는 일이라면 끈기를 가지고 끝까지 해내고 마는 유형. 편애하지 않고 누구에게나 똑같이 대하는 특징이 있다.

단점 다른 사람에 대해 쉽게 비판적인 태도를 취하며 불만이 많다.

Test 02 진단 결과

감수성이 예민한 개성파

특징 상상력이 풍부한 로맨티스트로 섬세한 미적 감각을 겸비하고 있다. 감정의 기복이 심하고 개성이 강한 사람들이 많다.

장점 고민거리가 있는 사람과 불쌍한 사람을 진심으로 대하고 친구가 된다. 괴로워하는 사람 옆에서 조용히 힘이 되어줄 수 있는 사람이다. 아름다움을 추구하며, 우아하고 멋진 취미를 갖기 위해 노력한다.

단점 그때그때 기분과 감정의 변화에 휩쓸리기 쉬워서 가끔 엉뚱한 행동을 한다.

타인과의 친밀한 관계를 부담스러워하는 고독한 유형

특징 대인관계가 원만치 않고 고독을 사랑하는 사람. 인간이 아닌 기계, 컴퓨터, 동물 등과 접촉하는 것이 낫다고 생각한다.

장점 직관력이 있어서 사물을 객관적으로 깊이 있게 파악할 줄 안다. 타인에 대해 선입견과 편견을 갖지 않고, 주변의 소문에 쉽게 휩쓸리지 않는다.

단점 친밀한 대인관계에 거부감을 갖는 유형으로 냉정하고 차갑게 비쳐지기 쉽다.

사진을 보면 그 사람의 성격을 알 수 있다.

테스트 결과를 통해 친구와 직장 동료의 성격을 알 수 있을 것이다. 상대의 성격을 알았다면 다음 방법으로 친해지도록 시도해보자.

A 유형과는 …… 설사 과장된 칭찬이라도 우선 칭찬을 들으면 기분이 금세 좋아지는 사람이다. 제때에 제대로 칭찬해주면 아주 좋아할 유형.

B 유형과는 …… 이런 유형의 사람 앞에서는 윗사람과 아랫사람, 선배와 후배 관계를 정확하게 구분한 다음 행동한다. 동료 사이거나 친구 사이라면 허물없이 지내도 좋다.

C 유형과는 …… 언제나 최선을 다하는 사람이므로 '열심히 한다'거나 '노력가'라며 그 사람의 노력을 인정해주면 기뻐할 것이다.

D 유형과는 …… 모두 함께하는 회식자리에 쉽게 얼굴을 내밀지 않는 사람이다. 그래도 아예 초대하지 않으면 많이 서운해하므로 가끔씩은 회식과 모임에 초대해보자.

E 유형과는 …… 그 사람의 전문 분야와 특기 분야에 대해 질문을 하고 도움을 요청해보자. 친해지기 어려운 사람이지만 이런 계기를 통해 친구가 될 수 있다.

Test 03

내가 그린 한 폭의 풍경화

캔버스에 하늘과 땅만 그려져 있다. 이대로는 그림이 너무 쓸쓸하므로 다른 무언가를 그려넣어 한 폭의 풍경화를 완성해보자. 다음 중 어떤 그림처럼 그리겠는가?

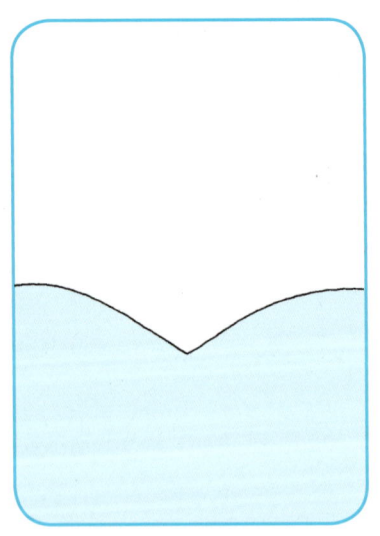

Test 03 진단 결과

어떤 그림을 선택했느냐에 따라 어떤 생활을 꿈꾸는지 알 수 있다.
사람마다 각자 좋아하는 풍경이 있다. 특별히 좋아하는 풍경에는 자신이 동경하는 무언가가 숨어 있다고 할 수 있다. 좋아하는 풍경 속에는 자신이 꿈꾸는 이상적인 라이프스타일이 투영되어 있는 것이다.

선택한 사람

좋아하는 일, 하고 싶은 일을 즐기는 낙천가

'즐겁지 않으면 인생이 아니다.'라는 신념을 가질 정도로 자유로운 사람. 여행을 가거나 이곳저곳을 돌아다니면서 여러 가지 경험을 하고, 많은 사람들과 친구가 되어 평생을 즐기면서 살고 싶어한다.

선택한 사람

인생의 미학을 즐기는 풍유인

'인생은 아름다워!'라고 생각하는 풍유인. 인생의 쓸쓸함과 허무함을 느끼면서도 그 속에서 감동을 추구하고, 언제나 아름답고 우아하게 살고자 갈망하는 사람이다.

풍요로운 자연에 몸을 맡기고 싶은 자연인

'자연과 함께하는 인생을 즐기자.'고 생각하는 자연주의자. 자연친화적인 삶을 추구하므로 도시에서 벗어나 풍요로운 자연을 벗삼아 살고 싶은 마음이 간절한 사람. 자급자족 생활을 동경하며 새, 꽃, 동물과 함께 생활하는 순수 자연 속의 삶을 꿈꾸고 있다.

세련되고 편리한 생활을 추구하는 도시인

'편리하면서도 쾌적한 최상의 생활'을 꿈꾸는 성공 지향의 도시인. 기능적으로 효율성을 추구하는 생활환경을 동경하고, 일과 사교생활 등 여러 가지를 동시에 할 수 있는 현대적인 삶의 방식을 추구하는 사람이다.

Test 04

들어가 있는 곳은 어떤 상자?

상자 속에 들어가 있는 자신의 모습을 떠올려보자. 지금 들어가 있는 상자는 어떤 상자일까? 상자의 크기, 상자 속의 상태 등을 상상하면서 다음 Q1~Q4의 질문에 대답해보자.

Q1

들어가 있는 상자의 크기는? A~C 중에서 자신이 생각한 이미지와 가장 가까운 것을 선택해보자.

A 넓고 안락한 공간

B 넓지도 좁지도 않은 딱 맞는 공간

C 비좁고 답답한 공간

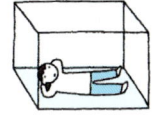
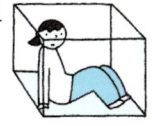

Q2

상자에 창문이 있는가?

A 예

B 아니오

Q3

Q2에서 '예'라고 대답한 사람에 대한 질문. 창문이 열려 있나?

A 예

B 아니오

Q4

상자에서 자유롭게 나왔다 들어갔다 할 수 있는가?

A 갇혀 있어서 나갈 수 없다.
B 나갈 수 있을지 모르지만 나가고 싶지 않다.
C 자유롭게 출입할 수 있다.

Test 04 진단 결과

여기서 상자는 자신의 자기 감각을 나타낸다.
'상자 속에 들어가 있는 나'의 모습은 당신이 바깥 세상과의 소통 상태를 어떻게 생각하고 있는지, 즉 '자기 감각'을 파악할 수 있는 지표가 된다.

 상자의 크기는 현실 사회에서 생활하는 자신을 스스로 어떻게 평가하고 있는지를 나타낸다.

A '넓고 안락한 공간'을 선택한 사람
스스로를 긍정적으로 생각하는 사람. '다른 사람은 다른 사람, 나는 나'라는 생각으로 자신의 기준에 따라 일을 처리하고 행동하는 성향이 강하다.

B '넓지도 좁지도 않은 딱 맞는 공간'을 선택한 사람
어느 정도는 자신의 욕구와 욕심을 억제하고, 다른 사람 또는 외부 환경과 타협하면서 사회에 적응하여 자신의 자리를 확보하려는 사람. 스스로 좋은 의식을 가지고 있다고 생각한다.

C '비좁고 답답한 공간'을 선택한 사람
스스로에 대해 답답하게 생각하는 사람. 현실에서 자신이 있을 만한 곳을 찾지 못하고 방황하고 힘들어하는 사람일 수도 있다.

Q2 창문은 다른 사람과 관계를 맺거나 서로의 교감을 주고받기 원하는 곳을 나타낸다. 우리 몸에 비유하면 마음이라고 할 수 있다. 즉 다른 사람의 감정을 받아들이고, 스스로의 감정을 다른 사람에게 제대로 표현할 수 있는 에너지가 저장되어 있는 곳이다. 이 부분이 '창'으로 표현된다.

A '창문이 있다'를 선택한 사람

다른 사람과의 교감과 관계 형성을 매우 중요하게 생각하고 추구하는 사람. 그러나 창문이 열려 있는가 혹은 닫혀 있는가에 따라 다른 사람과 관계 형성을 하는 방식에는 큰 차이를 보인다.

B '창문이 없다'를 선택한 사람

자기 세계에 갇혀 있으려고 하는 사람. 지금은 다른 사람과의 관계에 그다지 관심이 없다. 친한 사람들과의 관계 유지만 하면 된다고 생각하는 타입이다.

Q3
A '창문이 열려 있다'를 선택한 사람

세상을 향해 마음이 열려 있는 사람. 마음을 열고 타인을 긍정적으로 받아들이며, 다른 사람과의 관계 형성을 위해 적극적으로 노력할 줄 아는 사람이다.

Test 04 진단 결과

B '창문이 닫혀 있다'를 선택한 사람

다른 사람과의 관계 형성을 원하고 있지만 적극적인 자세를 취하지는 못하는 사람이다. 따라서 상대방이 먼저 손을 내밀어주기를 원한다.

Q4

상자는 바깥 세상과 자신을 단절시키는 공간이다. 상자 밖은 현실 세계이며, 상자 내부는 자신의 내면세계라고 할 수 있다. 상자 속 자신의 모습과 자유롭게 출입할 수 있는가, 없는가에 따라 성격이 내성적이냐 외향적이냐를 판단할 수 있다.

A '갇혀 있어서 나갈 수 없다'를 선택한 사람

현실 세계로 나가는 것 자체를 두려워하고 있지만 사회생활을 잘하고 싶은 욕구도 강하다. 바깥 세상에 관심이 많으면서도 자기 자신에 대한 고민에 싸여 매우 극단적으로 내성적인 성향을 나타낸다.

B '나갈 수 있을지 모르지만 나가고 싶지 않다'를 선택한 사람

현실 사회와의 관계보다는 자신의 내면세계에 관심이 더 많다. 보통 내성적인 사람들이 이 부류에 속한다. 자신의 생각과 느낌을 매우 중요하게 생각한다.

C '자유롭게 출입할 수 있다'를 선택한 사람

자신의 내면세계보다는 바깥 세상에 관심이 많은 사람. 외향적인 유형의 전형이다. 자기 생각과 느낌보다는 결단과 행동을 중요하게 생각한다.

> Q2의 "상자에 창문이 있는가?"라는 질문에서 천장(상자 위쪽에 창이 나 있는 것)을 상상했다면, 그 사람은 다른 사람과의 관계 형성을 원한다기보다는 자기만의 공상세계에 빠져들기 쉬운 유형으로 몽상가 타입이다.

Test 05

어떤 태양을 그릴까?

아래 그림에 태양을 그린다면 다음 A~D 중에서 어떤 태양을 고르겠는가?

ⓐ 수평선 위 한가운데서 이글이글 타오르는 커다란 태양

ⓑ 동쪽 수평선에서 떠오르는 일출

ⓒ 서쪽 수평선으로 지는 일몰

ⓓ 하늘 저편에 작게 보이는 태양

Test 05 진단 결과

이 테스트를 통해 자신에 대한 스스로의 평가와 다른 사람이 평가하는 자기 모습의 차이를 파악할 수 있다.

태양은 개성과 재능의 뛰어남을 나타낸다. 이 테스트에서 선택한 태양의 위치와 크기를 보고 스스로 자신의 개성과 재능을 어떻게 평가하고 있으며, 다른 사람은 자신을 어떻게 평가하고 있는지를 알 수 있다.

선택한 사람

'나는 특별한 사람'이라는 자신감이 커서 주위 사람들도 그렇게 생각한다

스스로 '나는 특별한 사람이며 다른 사람보다 우수하다.'고 생각하는 경향이 있다. 실제로 그런 신념은 자신감으로 나타나 스스로를 훌륭하게 보이도록 유도한다. 그 결과 다른 사람들에게서 "저 사람은 대단해." "저 사람은 역시 달라." 하는 칭찬을 듣는다.

선택한 사람

자신도 주위 사람도 나를 평범한 사람이라고 평가한다

'나는 매우 평범한 사람이고 내 능력과 재능은 다른 사람과 비슷한 수준이다.'고 생각한다. 주변 사람들도 그런 자신을 평범하게 살아가는 보통 사람으로 평가하고 있다.

C 스스로는 개성이 넘친다고 생각하지만 다른 사람들은 평범한 사람이라고 평가한다

선택한 사람

스스로 '개성이 강하고 별난 사람'이라고 생각하고 있다. 분명 스스로의 특별한 재능을 비범한 능력이라고 생각하고 있을 것이다. 그러나 애석하게도 주변 사람들은 그런 나를 어디서나 볼 수 있는 지극히 평범한 사람이라고 생각한다.

D 자타가 공인하는 정말 독특한 사람

선택한 사람

스스로 '난 정말 독특한 사람'이라고 생각하고, 다른 사람들도 물론 그렇게 판단하는 진정한 기인이다. 자타가 인정하는 비범한 재능을 가진 사람이다. 매우 특이하고 개성적인 사람이라고 할 수 있다.

Test 06

길 한가운데를 막은 커다란 바위!

친구와 함께 정상에 있는 전망대를 목표로 산을 오른다. 드디어 눈앞에 전망대가 모습을 드러냈다. 그런데 길목을 가로막은 커다란 바위! 친구의 말에 뭐라고 대답할 것인가?

A "여기까지 왔는데 이 바위를 넘어가자."

B "이 바위를 옮길 방법은 없을까?"

C "어쩔 수 없지. 여기서 도시락이나 먹자."

Test 06 진단 결과

이 테스트에서는 우리가 보통 어떻게 화를 내는지, 또한 화를 얼마나 잘 참는지를 알 수 있다.

길을 가로막고 있는 바위는 우리의 앞길을 방해하는 장애물이라고 할 수 있다. 장애물을 눈앞에 두고 어떻게 행동하는가를 통해 인내심과 화를 다스리는 능력을 판단할 수 있다.

선택한 사람

불같이 화를 내지만 뒤끝 없는 사람

일단 화가 나면 주체할 수 없는 사람이다. 마치 활화산처럼 있는 대로 화를 폭발시키는 유형. 그리고 주변 사람과 물건에 대고 화풀이를 하거나 화를 발산하려고 한다. 그런 모습 때문에 주변 사람들이 '화나면 무서운 사람'이라고 인식을 하게 된다. 하지만 일단 화가 풀리면 뒤끝 없이 말끔하게 정리하기 때문에 보이는 모습만큼 무서운 사람은 아니다.

선택한 사람

인내심이 강하지만 한번 화를 내면 걷잡을 수 없는 사람

아무리 화나는 일이 있어도 일단은 참고 보는 유형이다. 즉 화를 안으로 삭이는 사람이다. 그러나 화나는 일을 잊어버리지 않고 마음의 앙금으로 남겨두기 때문에 쌓아둘수록 앙금의 크기가 커져서 갑자기 폭발해버릴지 모른다. 평소에는 잘

참고 느긋해 보이지만 한번 폭발하면 걷잡을 수 없이 무서운 시한폭탄 같은 사람이다.

C 자신의 화에 대해 둔감하기 때문에 때를 놓쳐 화를 낼 수 없는 사람

웬만해선 화를 내지 않는 사람이다. 신경이 날카로워지거나 공격적인 자세를 취하는 일이 거의 없기 때문에 주위 사람들에게 온화한 사람이라는 말을 자주 듣는다. 화나는 일이 있어도 그 순간은 자각하지 못하다가 나중에 가서야 '아, 그 일은 참 화나는 일이었어.' 하고 뒤늦게 알아채기도 한다. 화를 자각하기까지 걸리는 시간이 너무 길기 때문에 화를 내고 싶어도 화를 낼 수가 없는 유형이다.

Test 07

나무 그림을 어떻게 완성할까?

오른쪽의 그림은 다 자란 나무의 일부분을 그린 것이다. 자신이 원하는 대로 가지, 꽃, 뿌리 등을 그려넣고 그림을 완성해보자.

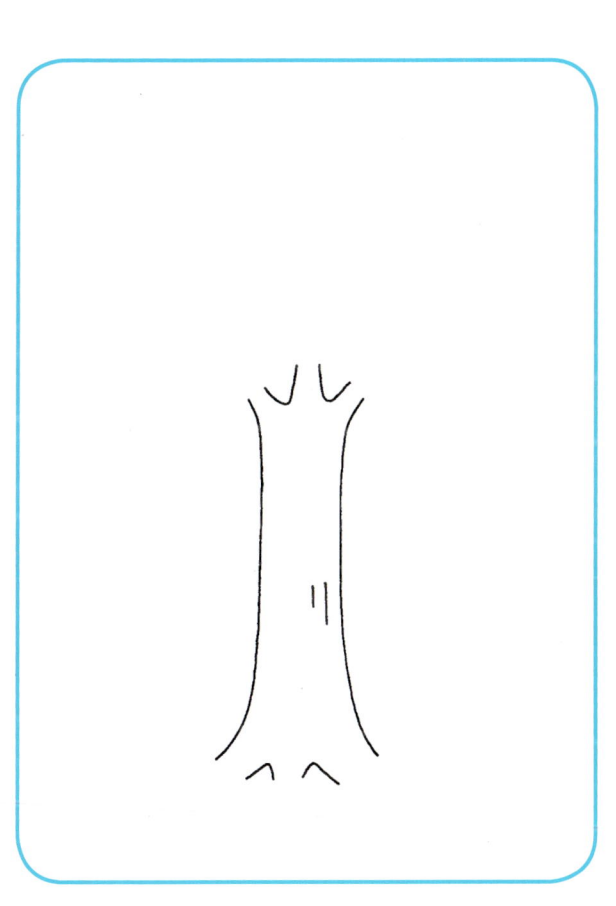

Test 07 진단 결과

어떤 나무를 그렸는가에 따라 정신 에너지의 특징을 알 수 있다.
어떤 나무를 그렸는가, 그리고 어떤 것들을 그려넣었는가에 따라 내면세계에서 분출되는 정신적인 에너지의 양과 흐름을 파악할 수 있다.

뿌리
의미

안정감의 상징

튼실한 뿌리를 그려넣은 사람은 말 그대로 대지에 발을 딛고 굳건하게 서 있는 사람. 생활력이 있고 정신적으로 안정되어 편안하게 행동한다. 뿌리를 가늘고 여리게 그린 사람은 어딘가 불안한 고민을 안고 있거나 정신적으로 균형이 잡히지 않은 상태로 생동감이 없는 모습을 많이 보인다.

잎사귀

의미

생명력과 지성의 상징

잎사귀를 많이 그린 사람은 미래에 대한 건설적인 희망을 가지고 있는 활달한 사람이며 두뇌활동도 활발하여 지적 호기심이 넘쳐흐른다. 반면에 잎사귀를 조금만 그리거나 낙엽, 마른 잎 등을 그린 사람들은 쉽게 실망하고 포기하는 성향이 강하다.

가지
의미

호기심과 행동력의 상징

가지를 많이 그린 사람은 호기심이 왕성하고 활발한 사람이다. 또 굵은 가지는 집중력을 뜻하고, 가느다란 가지는 변덕을 의미한다. 가느다란 가지를 많이 그린 사람은 한번 벌인 일을 끝까지 수습하지 못하고, 쉽게 싫증을 내는 경향이 있다.

꽃
의미

주목, 관심의 상징

꽃을 그린 사람은 자신의 매력을 이미 알고 있는 사람으로 스스로 주목받고자 하고, 관심의 대상이 되길 원한다. 큰 꽃은 관심과 주목의 대상이 되고자 하는 의욕이 매우 크다는 뜻이며, 작은 꽃은 주목과 관심보다는 사랑받고 싶은 욕구를 나타낸다.

열매
의미

결과의 상징

열매가 열린 나무를 그린 사람은 스스로의 능력과 실력을 인정받고자 하는 욕구가 강하다. 결과를 중요하게 생각하는 사람으로 실리를 생각한 다음 일을 추진하는 성향을 보인다. 열매를 그리지 않은 사람은 확고한 목표 또는 목적의식이 없는 경우가 대부분이다.

Test 08

남은 수명이 일주일이라면?

낙석사고로 죽을 고비를 넘기고 구사일생으로 살아났다. 그런데 천사가 나타나서 "아직 이 세상을 떠날 때가 아니니 이번에는 살려줄게요. 하지만 당신에게 남은 시간은 일주일뿐입니다. 일주일 후에 다시 오겠어요." 하고 예언했다. 당신은 천사의 예언을 듣고 뭐라고 말했을까?

A "살려주신 것만으로도 감사해요."

B "어차피 죽을 거라면 지금 살아났다고 해도 절망적이군요."

C "왜 일주일뿐이죠? 고작 일주일 동안 뭘 할 수 있단 말예요?"

D "그럼 남은 일주일 동안이라도 최선을 다해 살아야겠군요."

Test 08 진단 결과

이 테스트를 통해 당신이 인생 최고의 가치를 무엇이라고 생각하는지 알 수 있다.

누구든지 자신의 인생에서 중요하게 생각하는 것이 있다. 그리고 그것을 얻었을 때 가장 큰 만족감을 느낀다. 천사의 예언에 대응하는 한마디 속에는 자신이 인생에서 중요하게 생각하고 있는 것이 무엇인지를 가늠할 수 있는 요소가 숨어 있다. 과연 무엇일까?

A 인생 최고의 가치는 사랑. 친밀한 인간관계를 중요하게 생각하는 사람

인생에서 가장 중요하게 생각하는 것은 바로 '사랑'이다. 사랑만 있다면 다른 그 무엇도 필요치 않다고 생각하는 최고의 로맨티스트. 연인이나 약혼자뿐만 아니라 가족, 친구, 그 밖에 친한 사람과 좋은 관계를 맺는 과정에서 최고의 기쁨을 느낀다.

B 인생 최고의 가치는 진실. 거짓과 위선을 용납할 수 없는 사람

가장 중요하게 생각하는 인생의 가치는 바로 '진실'이다. 아무리 불쾌하고 불행하고 고통스럽고 참담한 일을 당한다 할지라도 그 일이 진실된 일이고 진실을 위한 일이라면 기꺼이 받아들인다. 거짓과 위선은 결코 용납할 수 없으며 진실을 알아가는 것이 최고의 가치라고 믿는다.

인생 최고의 가치는 고독. 혼자 있는 시간과 공간을 중요하게 생각하는 사람

인생에서 가장 중요하게 생각하는 것은 바로 '고독'이다. '평생 어떻게 하면 번거로운 인간관계에서 벗어나 혼자만의 조용한 시간을 보낼 수 있을까?'하고 생각하는 사람. 진정으로 인생의 고독을 즐긴다.

인생 최고의 가치는 정의. 언제나 정의롭게 살아야 한다고 생각하는 사람

인생에서 가장 중요하게 생각하는 것은 바로 '정의'이다. 악이 창궐하고 부정이 만연하는 현실을 결코 지켜만 보고 있을 수 없는 정의의 용사. 자신은 언제나 정의로운 일을 하며 항상 정의를 위해 살아가야만 한다고 생각한다. 정의가 세상을 비추고 악을 물리치는 순간을 보는 것만큼 멋진 일은 없다고 믿는다.

Test 09

묶여 있는 동물이 나라면?

자신이 지금 묶여 있는 동물이라고 상상해보자. 다음 A~E 중에서 어떤 동물이 자신의 이미지와 가장 비슷하다고 생각하는가?

A 우리에 갇혀 있는 호랑이

B 새장에 갇혀 있는 새

C 쇠사슬에 묶여 있는 개

D 철창에 갇혀 있는 햄스터

E 수조에 갇혀 있는 거북이

Test 09 진단 결과

자유를 빼앗긴 동물은 현재 자신이 짊어지고 있는 심리적 스트레스를 나타낸다.
사람의 내면에는 풀어버리지 못한 스트레스 또는 강박관념이 내재하고 있다. 자유를 빼앗긴 동물은 우리 내면에 존재하는 스트레스를 표현한다.

지루한 일상 자체가 스트레스

맹수인 호랑이는 자신의 에너지를 분출하지 못하고 있음을 대변한다. 너무나 평범하고 지루한 일상에서 항상 부족함을 느끼지 않는지? 뭔가 전력투구를 할 수 있는 일과 활동을 찾아보는 것도 스트레스를 날려버릴 좋은 대안이다.

자신의 격한 감정을 주체할 수 없는 사람

자유로운 새를 선택한 사람은 스스로 느끼는 감정과 느낌을 억제하고 있는 상태. 내면에서 분출되는 격한 감정을 억누르면서 그 감정을 폭발시킬 대상을 찾지 못해 안절부절못하고 있지는 않은지? 연극과 창작활동 같은 뭔가 스스로를 표현할 수 있는 일을 찾아보는 것도 좋은 방법이다.

C
선택한 사람

하고 싶은 일보다는 해야 하는 일을 우선하는 자신에게 화가 난 상태

충실한 동물인 개를 선택한 사람은 스스로의 욕구를 억누르고 있다. 언제나 '하고 싶은 일'보다는 '해야만 하는 일'을 우선하고 있지는 않은지? 가끔은 족쇄를 벗어버리고 인생을 즐기는 여유를 가져보는 것은 어떨까?

D
선택한 사람

언제나 느끼는 불안감이 스트레스로 발전

쇠창살 안에서 쳇바퀴를 굴리고 있는 햄스터는 마음속에 언제나 '불안감'을 안고 살아가는 심리상태를 표현한다. 그래서 이런 유형은 마음 둘 곳을 찾아보거나 마음을 터놓고 이야기할 수 있는 친구를 찾아보는 것이 좋다.

E
선택한 사람

게으른 자신에게 화가 난 상태

움직임이 느린 거북이를 선택한 사람은 자신의 '게으름'을 떨쳐버리고 싶은 것이다. 무엇을 해도 귀찮아하고 중요한 일도 뒤로 미루는 버릇이 있어서, 이런 자신에게 스스로 화가 난 상태이다. 우선 목표를 정하고 행동으로 옮기는 습관을 들이자.

Test 10

오랜만에 만난 동창이 신데렐라가 되었다!

길을 가다가 우연히 동창을 만났다. 근처 자기 집에 들렀다 가라는 친구의 말에 그녀의 집에 들어갔다. 다음 만화를 보고 네 번째 칸에서 과연 어떤 생각을 할까?

① 어느 날 학창시절에 친했던 동창생을 우연히 만났다.
② 친구 집에 도착해보니 이게 웬일인가! 놀라울 정도의 고급저택이 친구의 신혼집이라니……
③ 게다가 신랑은 너무나 잘생기고 직업도 빠지지 않고!
④ 친구 집을 나와 집으로 돌아가면서 어떤 생각을 했을까?

A '부자 친구가 생겼네! 앞으로 친하게 지내야지.'

B '행복해 보여서 정말 좋네. 앞으로도 행복하라고 빌어줘야지.'

C '나랑은 전혀 다른 세상에서 사네. 왠지 서글픈 생각이 드네.'

D '말도 안돼! 왜 저 친구가 신데렐라가 되어야 해? 이렇게 질 수 없어! 보란 듯이 더 좋은 곳으로 시집가야지!'

E '너무 잘된 거 아냐? 알고 보면 그 애만의 고민이 있을 거야.'

Test 10 진단 결과

선택한 말의 내용에 따라 마음속에 숨어 있는 악마적 성향을 알 수 있다. 남이 잘된 모습을 본 순간 괜히 화가 나고 기분이 나빴던 적은 없었는가? 누구에게나 나쁜 마음=악마적 성향이 숨어 있게 마련이다. 다른 사람이 잘됐을 때, 배아파하는 모습을 통해 악마적 성향을 파악할 수 있다.

자기 행복밖에는 생각하지 않는 자기중심적 악마

자신만을 생각하는 자기중심적인 유형. 자기만 행복하면 그뿐이라는 생각이 강해 원하는 것, 자신만의 즐거움을 위해서라면 수단과 방법을 가리지 않는다. 물론 원치 않는 일, 귀찮은 일에는 아예 손도 대지 않으려 하며 다른 사람에게 책임을 떠넘기는 일도 서슴지 않는다.

자기 잘난 맛에 사는 위선자 악마

스스로 '사랑이 넘치는 사람, 정말 좋은 사람'이라고 자부하고 있지만 사실은 매우 오만하고 소유욕이 강한 사람이다. 내가 베푼 친절에 상대가 전혀 감사할 줄 모른다거나, 내가 사랑하는 만큼 상대가 사랑하지 않으면 화가 머리끝까지 치밀어오르는 유형이다.

C 질투심으로 가득한 이기적인 악마

내면 깊숙한 곳에 자리잡고 있는 악마적 성향은 바로 얽히고 설킨 질투심. 특히 평소에 경쟁자라고 생각하고 있던 사람에게 느끼는 질투심의 강도는 실로 엄청나다. 질투심에 사로잡힌 자신을 숨기기 위해 언제나 경쟁자를 경멸하고 깎아내리는 등의 노력을 한다. 결국 질투심은 마음의 병이 되기도 하고 심각하면 우울증 증세를 보이기도 한다.

D 비열한 거짓말쟁이 악마

지는 것을 싫어해서 자기가 이길 수만 있다면 상대방을 짓밟고 올라서는 일쯤은 아무렇지도 않게 생각한다. 상대방의 험담을 늘어놓고 비열한 방법으로 상대를 골탕먹이는 일도 서슴지 않는다. 또한 다른 사람에게 잘 보이기 위해 스스로를 과대 포장하기도 한다.

E 집념으로 똘똘 뭉친 복수의 악마

사물과 사건을 있는 그대로 보지 않고 약간 비뚤어진 시각에서 바라보는 사람. 다른 사람에게 받은 상처는 꼭 마음에 담아두었다가 기회를 봐서 결국 복수하고 마는 강한 집념의 소유자.

Test 11

이삿짐 속에 섞인 버릴 물건들

지금 이사를 준비하고 있는데 짐을 정리하다보니 이사 갈 집에서는 더 이상 필요 없는 물건들이 많이 있다. 이사를 도와주고 있던 친구가 "이 물건 어떻게 할 거야?" 하고 물어보면 뭐라고 대답할까?

A "눈 딱 감고 버리지 뭐."

B "버리기 아까우니까 우선 가져가야지."

C "재활용 바자회 같은 데 내볼까 생각 중이야."

D "괜찮은 물건만 추려서 가져가려고."

Test 11 진단 결과

선택한 대사를 통해 얼마나 과거에 연연해하는지 알 수 있다.
이사하기 전에 정리해야 하는 짐들은 '과거'를 의미한다. 이 짐을 어떻게 하느냐에 따라 과거를 어떻게 정리하는가를 엿볼 수 있다. 또 앞으로 어떻게 살아갈 것인가에 대한 마음가짐도 알 수 있다.

선택한 사람

A 지나간 일은 깨끗하게 잊어버린다

좋지 않은 경험과 기억에 연연해하지 않는 유형. '과거는 과거일 뿐이다.' 하고 결단을 내리고 긍정적으로 미래를 계획하는 사람이다. 그러나 좋지 않았던 과거를 모두 버리는 성격 때문에 실패를 거울삼아 미래를 준비하는 능력이 부족하다.

선택한 사람

B 시간이 지나도 과거에 얽매여 헤어나지 못한다

과거의 좋지 않은 경험과 기억에 얽매이는 유형. 겉으로 봐서는 그리 큰 실패가 아닐지라도 끊임없이 '뭐가 잘못된 것일까?' '혹 실수가 아니었을까?'를 고민하고 '이렇게 하는 게 더 좋지 않았을까?' 하며 후회한다. 이렇게 과거에 연연하다보니 늘 다음 단계로 진행하는 것이 힙겹다.

C 과거에 연연하지는 않지만 언제나 미래에 대한 두려움을 안고 산다

과거 좋지 않은 경험과 기억에 얽매이는 유형은 아니다. 그러나 장래 나쁜 일이 생길지도 모른다는 불안감을 안고 사는 사람이다. '혹시 실패할지도 몰라.' 하는 불안감이 자기암시가 되고 결국 실패하고 마는 일이 많다.

D 나쁜 기억은 잊고 좋은 기억만 남겨놓는다

과거의 좋은 기억은 모두 기억하고 있는 반면에 좋지 않은 기억, 실패의 쓰라린 아픔은 잊고 사는 유형. '내 사전에 실패란 없다. 오직 성공만 있을 뿐!'이라는 신념을 갖고 사는 사람이다. 평소에 실패하지 않기 위해 노력하기 때문에 처음부터 잘 될 것 같은 일만 시작하는 경향이 있다.

Test 12

싫어하는 사람의
싫은 면은 어떤 것?

주변에 있는 사람 중에 정말 싫은 사람을 떠올려보자. 그 사람의 성격 중 어떤 부분이 마음에 들지 않는지를 다음 여백에 적어보자.

| | 의 이런 면이 정말 싫다!

Test 12 진단 결과

싫은 사람의 싫은 부분은 사실은 싫어하는 자신의 단면이다.

싫은 사람의 싫은 부분은 어떤 것인가? 지금 다시 한 번 메모를 잘 살펴보자. 어딘지 모르게 자신의 성격과 비슷한 부분이 있지 않은가?

우리가 싫다고 느끼는 다른 사람의 단점은 알고 보면 내 자신의 단점이자 싫은 면이다. 우리는 다른 사람을 통해 자신의 싫은 면을 투영하고자 하는 버릇이 있다. 이런 현상을 심리학에서는 '투영의 메커니즘'이라고 한다. 상대가 자신이 숨기고 싶은 성향을 가지고 있기 때문에, 즉 나와 같기 때문에 상대가 싫어지기도 한다는 말이다.

> 자신이 다른 사람의 험담을 하고 있다면 험담의 내용을 잘 생각해보자. 아마도 그 험담은 '자신의 험담'이 아닌지? 그래서 누군가가 제삼자의 험담을 하고 있다면 그 사람의 단점이 무엇인지 파악할 수도 있다는 말이 된다.

Test 13

내 정신연령은 어느 단계일까?

Q1부터 시작해서 '예', '아니오'에 따라 다음 문제로 이동해보자.

START

Q1
하루 종일 아무것도 하지 않으면 지루해서 미칠 것 같다.

예 ⇨ Q4 로
아니오 ⇨ Q2 로

Q2
다른 사람과의 경쟁과 승부에서 지면 너무나 분해서 참을 수가 없다.

예 ⇨ Q3 으로
아니오 ⇨ Q5 로

Q3
가까이에서 어린아이가 울고불고 떼를 쓰는 광경을 보면 화가 난다.

예 ⇨ Q6 으로
아니오 ⇨ Q5 로

Q4
편식이 심하고 반찬에 싫어하는 것이 섞여 있으면 반드시 빼고 먹는다.

예 ⇨ Q6 으로
아니오 ⇨ Q3 으로

Q5
내 험담을 하고 다니거나 내게 상처를 준 사람은 절대로 용서할 수 없다.

예 ⇨ Q9 로
아니오 ⇨ Q12 로

Q6
화가 나거나 마음대로 안 될 때면 애꿎은 곳에 화풀이를 한다.

예 ⇨ Q8 로
아니오 ⇨ Q9 로

Test 13 진단 결과

Q7
집에 있으면 대체로 하루 종일 TV를 켜놓고 사는 편이다.

예 ⇨ Q14 로
아니오 ⇨ Q13 으로

Q8
갖고 싶은 것이 있으면 바로 손에 넣으려고 한다. 절대 참을 수 없다.

예 ⇨ Q15 로
아니오 ⇨ Q7 로

Q9
심령 사진과 초자연적인 현상에 관심이 많고 무서운 만화와 공포영화를 즐겨 보는 편이다.

예 ⇨ Q7 로
아니오 ⇨ Q10 으로

Q10
우리 부모님을 비롯하여 부모 세대의 애정행위는 상상할 수조차 없다.

예 ⇨ Q13 으로
아니오 ⇨ Q17 로

Q11
다른 사람이 뭐라 하든 상관하지 않으며 화도 잘 내지 않는 편이다.

예 ⇨ Q20 으로
아니오 ⇨ Q17 로

Q12
내가 다른 사람에게 해준 것보다 다른 사람에게 받은 것이 더 많다고 생각한다.

예 ⇨ Q11 로
아니오 ⇨ Q10 으로

Q13
이제 만화책과 만화영화는 재미없고 유치하다.

예 ⇨ Q16 으로
아니오 ⇨ Q18 로

Q14
30분 이상 책상 앞에 앉아 있을 수 없고 주의가 산만하다.

예 ⇨ Q19 로
아니오 ⇨ Q18 로

Q15
촌스러운 사람과 특이한 사람을 보면 괴롭히고 싶은 충동을 느낀다.

예 ⇨ Q19 로
아니오 ⇨ Q14 로

Q16 훌륭한 선생님과 성공한 사람을 보면 반발심이 생길 때가 있다.

예 ⇨ C 타입
아니오 ⇨ D 타입

Q17 나는 아직 모르는 것이 많다고 생각한다.

예 ⇨ Q20 으로
아니오 ⇨ Q16 으로

Q18 어른들의 세계란 참으로 더러운 곳이며, 믿을 사람 없다고 생각한다.

예 ⇨ C 타입
아니오 ⇨ B 타입

Q19 누가 내 흉을 보면 반박한다. 그렇지 않으면 내가 바보처럼 느껴진다.

예 ⇨ A 타입
아니오 ⇨ B 타입

Q20 이렇게 살아가고 있다는 것에 감사할 따름이다.

예 ⇨ E 타입
아니오 ⇨ D 타입

정신연령이라고요?

그렇지.

Test 13 진단 결과

정신적 성숙단계를 확인할 수 있는 지표.
세상에는 아직 초등학생인데도 어른보다 더 어른스러운 아이가 있는 반면, 나이는 먹을 만큼 먹었는데 유치원에 다니는 어린아이보다도 못한 어른이 있다. 실제 나이와는 상관없이 내면의 성숙도를 의미하는 '정신연령'이 바로 정신적 성숙단계를 확인할 수 있는 지표이다.

A 타입 — 유아 수준

마치 어린아이처럼 천진난만하고 순진무구한 유형. 때로 순진무구한 부분이 잔혹함으로 변하기도 한다. 자기 세계에서 자기중심적으로 살아가며 자신의 욕구를 충족시키는 일을 가장 중요하게 생각한다. 물론 모든 일이 자기를 위해 움직이며 자기 뜻대로 될 것이라고 믿으며 살아간다.

B 타입 — 초등학생 수준

선악의 구분을 할 수 있으므로 해서는 안 되는 일과 해도 되는 일을 구분할 수 있다. 물론 때와 장소를 가려서 자신을 제어하는 능력도 갖추고 있다. 그러나 불안감과 공포심으로 가득하기 때문에 주변 사람들에게 쉽게 의지하고 유혹에 쉽게 현혹된다.

사춘기 수준

'질풍노도의 시기'라고 일컬어지는 사춘기 수준. 고민이 많은 시기이기도 하다. 활동적이고 지적 호기심이 왕성한 반면에 모든 것을 알고 있다며 어른 행세를 하려 든다. 때때로 오만하고 건방지다는 인상을 주기도 한다. 잘못하면 자의식 과잉 상태에 빠질 수도 있다.

사회인 수준

정신적으로 자립한 상태로 책임을 가지고 자신의 일을 해내는 사회인 수준. 그러나 사물을 판단하는 데 너무나 현실적이고 융통성이 거의 없다. 물론 선입견과 고정관념에 사로잡혀 진실을 제대로 파악하지 못할 수도 있다. 또한 물질과 돈을 최우선으로 생각하는 경향이 있다.

노인 수준

인생을 달관하고 정신적인 안정을 추구하며 온화하고 평온한 상태. 돈, 물질적인 것에 집착하지 않고 인생을 즐기고자 하는 사람이지만 새로운 일에 도전하는 것을 귀찮아하며 세상일에 무관심한 경향이 있다.

마음속 네 개의 창문

사람의 내면에는 심리학에서 '조허리의 창문'이라고 일컫는 창문이 네 개 있다.

① 밝은 창=스스로도 알고 있고 다른 사람에게도 열려 있는 창문
② 감춰진 창=나는 알고 있지만 다른 사람에게는 숨기고 있는 창문
③ 눈먼 창=나는 모르는데 다른 사람은 알고 있는 창문
④ 미지의 창=나도 다른 사람도 모르는 창문

이 네 개의 창은 한 사람이 여러 측면을 가지고 있기 때문에 혼자서 자신을 판단하고 깨닫기란 쉬운 일이 아니라는 사실을 짐작하게 해준다. 잘 생각해보면 우리는 '나는 알고 있지만 다른 사람은 이해할 수 없는 나만의 세계'를 하나쯤은 가지고 있다. 반면에 다른 사람과의 관계를 통해서 자신만의 단점, 장점, 숨겨진 재능, 성격, 버릇 등을 알게 되기도 한다. 또한 아직 아무도 알아차리지 못한, 나 자신도 아직 찾아내지 못한 잠들어 있는 욕구와 소원, 잠재능력 등도 상당히 많다. 이런 모든 부분을 포함해야 '내 자신'이라고 말할 수 있다.

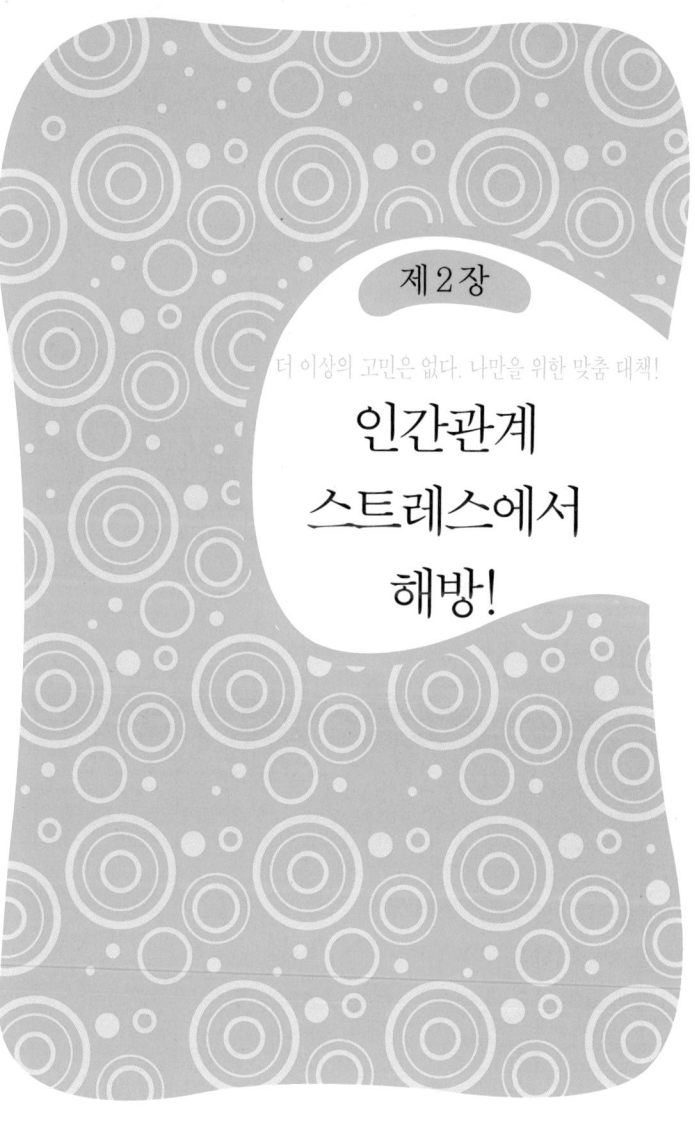

제 2 장

더 이상의 고민은 없다. 나만을 위한 맞춤 대책!

인간관계 스트레스에서 해방!

"사람 사귀는 건 정말 어려워요~"

Test 14

어머나! 바퀴벌레다!

방 안에 혼자 있는데 갑자기 바퀴벌레 한 마리가 기어나오는 게 아닌가! 바퀴벌레를 본 순간 어떻게 할 것인가?

A '얍!' 때려죽인다.

B '까악~!' 소리를 지른다.

C '칙~' 살충제를 뿌린다.

D '휭~' 보기 싫은 것은 못 본 척한다.

Test 14 진단 결과

바퀴벌레를 본 뒤의 반응을 통해 싫은 사람에 대한 평소의 태도를 파악할 수 있다.

돌발사건에 대한 반응 속에는 그 사람 본연의 모습이 나타나게 마련이다. 바퀴벌레를 보자마자 취한 행동은 상대가 싫은 사람일 때 그 사람을 대하는 태도를 파악할 수 있는 잣대이다.

선택한 사람

싫은 사람에게는 마음껏 싫은 내색을 하면서 공격한다

노골적으로 자신의 감정을 드러내는 유형이다. 싫은 사람이 눈앞에 있다면 바로 공격에 들어간다. 그리고 당황하는 상대를 바라보며 꼴좋다고 비웃을 것이다.

선택한 사람

공격을 받으면 흥분해 주변 사람을 자신의 편으로 만든다

싫어하는 사람에 대해 자신의 감정을 그대로 드러내는 유형이다. 상대방의 험담을 하고 다니면서도 정작 상대에게 공격을 받으면 놀라울 정도로 화를 내면서 흥분하고, 평소에는 아무렇지도 않은 듯 상대방을 고통스럽게 하는 사람이다. 그리고 자신이 이렇게 그 사람을 미워하는 것은 다 이유가 있다며 주변 사람들을 설득해 자신의 편으로 만들려는 노력도 아끼지 않는다.

선택한 사람

겉으로는 친한 척하지만 숨어서 공격한다

항상 '나는 착한 사람.' '나쁜 건 너야.' 하는 생각을 하고 있다. 그리고 이런 생각을 주변 사람들에게 전파시키기 위해 노력한다. 겉으로는 싫은 사람과도 사이좋게 지내는 듯하지만, 숨어서 험담을 하거나 일부러 그 사람의 신용을 떨어뜨리기 위한 모략을 꾸며서 결국 따돌림을 받게 한다.

선택한 사람

무시하는 게 상책이야!

냉정한 사람이다. 싫은 사람은 아예 상대도 하지 않는 유형. 스쳐 지나갈 때도 모르는 척한다거나 거의 말을 걸지 않는다. 가능한 그 사람과는 관계를 맺지 않으려고 노력하며, 아예 눈에 보이지 않는 것처럼 행동하기도 한다.

Test 15

여러 일이 겹칠 때 우선순위는?

추리소설 읽기 삼매경에 빠져 있는데 "저녁 먹자!" 하는 어머니의 목소리가 들린다. 그 순간 친구에게서 "오늘 저녁에 시간 나면 만나서 놀자! 빨리 연락 줘." 하는 문자 메시지가 도착한다. 무엇을 먼저 하겠는가?

A 읽던 책을 덮고 우선 밥을 먹는다.

B 읽던 책을 덮고 우선 친구에게 전화를 건다.

C 읽던 책을 마저 다 본다.

Test 15 진단 결과

우선순위에 따라 얼마나 사교성이 좋은지를 파악할 수 있다.
여러 가지 일이 겹쳐서 우선순위를 정하고 일을 시작해야 할 때가 종종 있다. 그때, 무엇을 우선하는가에 따라 사교성을 측정할 수 있다.

좁은 인간관계에 만족하는 사람

매우 가정적인 사람. 집에서 조용히 보내는 시간을 중요하게 생각한다. 가정의 행복을 제일 중요하게 생각하며 가족을 위해 노력하는 유형. 친구들과의 관계도 마음이 맞고 친한 사람과의 관계는 중요하게 생각하지만, 새로운 사람을 만나고 여럿이 어울리는 것을 꺼리는 성격. 따라서 일을 진행하고 사회활동을 하는 데 필요한 인간관계를 맺는 데 어려움을 느끼기도 한다.

얇고 넓은 인간관계. 친밀한 관계는 익숙지 않은 사람

비교적 사교적인 성격의 소유자. 밖으로 나가 사회활동에도 적극적으로 참여하고 싶어한다. 일 대 일 만남보다는 여럿이 모여 함께 어울리는 활동을 더 좋아하고 그 속에서 맡은 바 책임을 다한다. 그러나 한 사람과의 관계에 집중하지 못하는 유형이다. 따라서 연인과의 관계 또는 파트너십이 필요한 일을 매우 힘들어한다.

C 마음이 맞는 사람과만 친하고 싶은 사람

선택한 사람

자기가 좋아하는 사람, 나와 마음이 맞는 사람과만 관계를 형성하고자 하는 유형. 마음이 편하고 즐거운 인간관계를 추구하며 공통의 관심사에 대해 깊이 있게 이야기하는 것을 좋아한다. 따라서 말이 통하는 소수의 사람과 친밀한 관계를 유지하길 원한다. 자기가 속한 그룹의 모든 사람과 친하게 지내야 하는 상황을 매우 싫어하며, 집단으로 만나 어울리는 모임에 강한 거부반응을 보인다.

이 테스트에서 '가족과의 식사'는 건강과 쾌적한 생활을 추구하는 마음을 나타낸다. '친구와의 전화'는 현실 사회에서 내가 다른 사람에게 어떤 이미지로 비춰질까, 혹은 어떤 위치에 있는가에 대한 관심을 나타낸다. 마지막으로 '책읽기'는 혼자서 열중할 수 있는 일, 몰두할 수 있는 일을 상징한다.

Test 16

휴대폰은 나에게 어떤 존재인가?

현대인에게 필수품이 되어버린 휴대폰. 그렇다면 휴대폰은 나에게 어떤 존재일까? 생각나는 대로 대답해보자.

Test 16 진단 결과

친구의 존재를 어떻게 생각하는지 알 수 있다.

대답 예

- **이제 휴대폰 없이는 1초도 살 수 없다.**

친구 없이는 단 하루도 살 수 없다고 느낄 정도로 외로움을 많이 느끼는 유형. 주변에 항상 친구들이 있고, 뭐든지 털어놓고 이야기할 친한 친구가 있으며, 이 친구들을 인생에서 가장 중요하게 생각할 것이다.

- **휴대폰이 여러 개 있다.**

대인관계가 넓고 사교성이 좋은 사람이다. 여러 종류의 친구들이 있으며 친구들의 특성에 맞춰 그때마다 사귀는 방법도 달리한다. 그러나 자칫 깊이가 없고 실속 없어 보이기 쉽다.

- **거의 사용하지 않는다. 귀찮아서 전원을 꺼놓고 지내는 일이 많으며 필요할 때만 사용한다.**

사교성이 좋지 않은 사람이다. 평소에 친구와 만나는 일이 거의 없으며, 혹시 만날 일이 있다면 꼭 만나야만 할 때뿐이다. 사람을 사귄다면 그저 연락을 주고받는 정도일 것이다.

Test 17

얼마나 팔방미인에 가까운가?

Q1부터 시작해서 '예', '아니오'에 따라 다음 문제로 이동해보자.

START

Q1
친구가 "피자 먹자."고 말하면 사실 우동이 먹고 싶지만 친구의 의견에 따라 피자를 먹는다.
예 ⇨ Q2 로
아니오 ⇨ Q5 로

Q2
"넌 제멋대로야!" 하는 말을 들으면 정말 충격받을 것이다.
예 ⇨ Q6 으로
아니오 ⇨ Q3 으로

Q3
할머니, 할아버지의 말상대를 해드리고 어린아이를 돌보는 일을 잘한다.
예 ⇨ Q8 로
아니오 ⇨ Q7 로

Q4
심각한 이야기, 슬프고 가슴 아픈 이야기를 쉽게 농담으로 바꿔버리는 경우가 종종 있다.
예 ⇨ Q10 으로
아니오 ⇨ Q8 로

Q5
선물은 받는 것보다 주는 것이 더 좋다.
예 ⇨ Q3 으로
아니오 ⇨ Q4 로

Q6
어떤 물건이 친구에게 어울릴 것 같으면 바로 사서 선물하는 경우가 종종 있다.
예 ⇨ Q11 로
아니오 ⇨ Q7 로

제2장 인간관계 스트레스에서 해방! 85

Test 17

Q7
내가 원했던 물건이지만 다른 사람이 필요하다고 하면 양보하는 편이다.

예 ⇨ Q12 로
아니오 ⇨ Q15 로

Q8
옛 친구보다 새로 사귄 친구와의 관계에 더 집중하는 경향이 있다.

예 ⇨ Q9 으로
아니오 ⇨ Q15 로

Q9
아이쇼핑을 좋아하며 작은 물건이라면 쉽게 충동구매를 하는 편이다.

예 ⇨ Q17 로
아니오 ⇨ Q14 로

Q10
엄선된 소수의 물건 중에 하나를 고르기보다는 많은 것 중에서 하나를 고르는 게 더 좋다.

예 ⇨ Q17 로
아니오 ⇨ Q9 로

Q11
힘든 상황에 처해 있는 사람을 도와주지 않고는 지나칠 수가 없다.

예 ⇨ Q18 로
아니오 ⇨ Q12 로

Q12
'그 친구는 뭐하며 살까?' 하는 생각이 들면 바로 친구에게 전화를 걸어 안부를 묻는다.

예 ⇨ Q18 로
아니오 ⇨ Q13 으로

Q13
혼자 있어도 그다지 외롭지 않다. 오히려 혼자 있는 시간을 마음껏 즐길 수 있어서 좋다.

예 ⇨ Q19 로
아니오 ⇨ Q20 으로

Q14
휴일에 여기저기 돌아다니기보다 집에서 뒹굴면서 시간을 보내는 것이 좋다.

예 ⇨ Q19 로
아니오 ⇨ Q16 으로

Q15
솔직히 말해 봉사활동과 사회사업에는 그다지 관심이 없다.

예 ⇨ Q14 로
아니오 ⇨ Q13 으로

Q16
기분 나빴던 일은 결코 잊지 못하며 생각할수록 화가 치밀어 올라 견딜 수가 없다.

예 ⇨ D 타입
아니오 ⇨ B 타입

Q17
축제와 큰 이벤트를 좋아하며, 행사에 직접 참여하기를 좋아한다.

예 ⇨ B 타입
아니오 ⇨ Q16 으로

Q18
상대방의 성별과는 상관없이 나를 이끌어주는 사람과 함께 해야 마음이 편하다.

예 ⇨ Q20 으로
아니오 ⇨ A 타입

Q19
어중간한 것은 절대로 싫다. 무슨 일이든지 확실히 하고 싶다.

예 ⇨ D 타입
아니오 ⇨ C 타입

Q20
수예와 요리를 좋아하며, 집으로 손님을 초대해서 함께 식사하는 것이 즐겁다.

예 ⇨ A 타입
아니오 ⇨ C 타입

제2장 인간관계 스트레스에서 해방! 87

Test 17 진단 결과

애교가 넘쳐흐르는가? 아니면 기분파? 팔방미인에도 여러 타입이 있다! 여러 사람과 한데 어울리며 즐거운 시간을 보낼 줄 아는 사람이 바로 팔방미인이다. 난 얼마나 팔방미인에 가까울까?

90% 팔방미인! 이 시대를 대표하는 진정한 팔방미인!

누구에게나 친절하며 상대방을 배려할 줄 아는 사람이다. 누구를 상대하든 한결같이 좋은 느낌을 주며 솔선수범하는 자세가 몸에 배어 있다. 다른 사람의 부탁을 쉽게 거절하지 못하고, 자신의 일을 뒤로 미뤄서라도 부탁을 들어주는 등 "정말 사람 좋다."는 말을 많이 듣는 유형이다.

70% 팔방미인! 기분에 따라 행동하는 기분파!

처음 본 사람과도 쉽게 친구가 되며 사람을 가리지 않고 두루두루 사귀는 편이다. 그러나 내가 즐겁기 위해 주변 사람들과 어울리는 편이다. 다른 사람의 부탁도 내가 즐거운 일이라면 흔쾌히 수락하지만 싫은 일은 어떻게든 부탁을 거절하는 편이다.

50% 팔방미인! 평화주의자

온화하고 편안한 삶을 추구하는 평화주의자. 어떤 사람도 관용으로 대하고, 앙숙인 두 사람 사이에서 누구의 편도 들지 않으면서 두 사람과 가깝게 지낼 수 있는 사람이다. 주위 사람들에게 평화애호가라는 인식을 심어줄 수 있다.

20% 팔방미인! 붙임성이 없어서 손해를 보는 사람

애교, 사교성, 붙임성과는 너무나 거리가 먼 사람. 쉽게 다가갈 수 없는 사람이라는 이미지가 강한 유형이다. 그러나 일단 친구가 되면 마음이 따뜻하고 너그러우며 성격이 시원시원하다는 인상을 준다. 일단 아니라고 생각한 일은 아무리 친한 사람이 부탁을 해도 'NO'라고 대답하지만, 자신의 도움이 필요할 때는 발벗고 나서서 도와주는 보스 기질도 있다.

Test 18

마지막 남은 케이크 한 조각

친구 집에 모여서 맛있는 케이크를 나눠 먹었다. 마지막 한 조각이 남았지만 눈치들을 보느라 아무도 손대는 사람이 없다. 집주인인 친구가 "먹을래?" 하고 내게 물었을 때, 대답은?

A "음. 좋아! 그럼 내가 먹을게."

B "다 같이 조금씩 나눠 먹자."

C "나는 배부른데 다른 사람이 먹지 그래?"

Test 18 진단 결과

어떤 대답을 선택했느냐에 따라 친구를 만드는 스타일을 파악할 수 있다. 이 테스트에는 다른 사람을 상대하는 스타일이 나타난다. 다른 사람을 상대하는 유형에는 크게 세 가지가 있는데, 자기가 먼저 적극적으로 다가가는 유형, 주위 사람들과 함께 다가가는 유형, 다른 사람과 거리를 두면서 다가가는 유형이다. 또 유형에 따라 친구를 만드는 방법도 다르다.

A 적극적으로 먼저 말을 걸어 친구를 만드는 유형

직선적으로 감정을 표현할 줄 알기에 자신과 비슷한 유형과 친구가 되었을 때 가장 좋은 관계를 유지할 수 있다. 단체 안에서 유독 눈에 띄는 독특한 사람과 친구가 되면 좋은 우정을 쌓을 수 있다. 먼저 말을 걸어보자.

B 그룹 활동을 통해 친구를 만드는 유형

다른 사람을 배려하고 주위 사람들에게 맞춰가는 온화한 친구를 만나는 것이 좋다. 동아리활동, 종교활동 등에 참가해서 비슷한 유형의 친구들을 만나보고, 자신과 가치관과 생각이 맞는 친구를 찾아보는 것도 좋은 방법이다.

C 신중한 사람
혼자 있기를 좋아하며 한 발 물러나 있는 유형

많은 사람과 동시에 어울리는 것을 좋아하지 않는다. 이런 유형은 보통 자기 주장이 강하고 성격이 활달한 사람과는 쉽게 사귈 수 없다. 오히려 자신과 비슷하게 소극적이고 내성적인 사람과 친구가 되면 마음 편하게 만날 수 있을 것이다. 메일을 주고받거나 홈페이지를 이용한 만남 등을 통해 자연스레 친구가 되는 방법을 활용하면 좋은 친구 관계를 만들 수 있다.

보통 사람들은 자기와 비슷한 유형의 사람들과 어울리길 원한다. 특히 친구관계를 형성할 때는 더더욱 자신과 비슷한 유형을 찾게 된다.

Test 19

엉켜버린 실타래

쓰던 실이 엉켜버렸다. 엉킨 실타래를 풀어보려고 하는데 쉽게 풀리질 않는다. 어떻게 하겠는가?

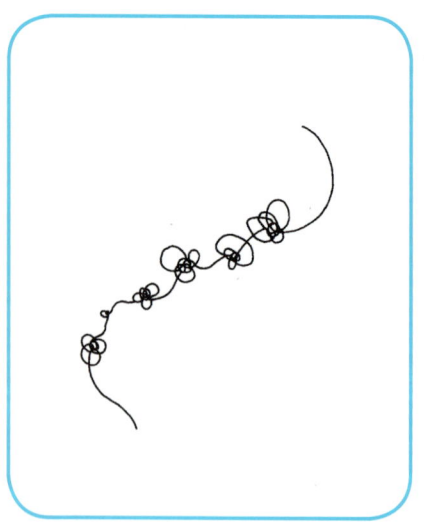

A 화가 나서 쓰레기통에 버린다.

B 시간이 조금 걸리더라도 끝까지 풀어 본다.

C 풀 수 있는 데까지 풀고 엉킨 부분은 끊어놓는다.

Test 19 진단 결과

엉킨 실타래를 풀어가는 태도에서 꼬여버린 인간관계를 어떻게 풀어가는지를 파악할 수 있다.

엉켜버린 실타래는 인간관계에서 일어나는 갈등을 나타낸다. 실타래를 푸는 유형에 따라 꼬여버린 인간관계를 풀어가는 스타일도 다르게 나타난다.

내가 먼저 관계를 정리해버리는 사람

인간관계가 틀어지면 바로 상대와의 관계를 끊어버리는 유형. 미묘하고 복잡다단한 사람의 마음을 이해하려고 하지 않으며 복잡한 인간관계는 딱 질색이다. 시간을 가지고 좋은 방향으로 관계를 발전시켰다면 훌륭한 친구가 될 수도 있었을 관계마저도 그 자리에서 끊어버리는 실수를 범하기도 한다. 자기 마음에 상처가 남을 것을 두려워해 마음을 열지 않아서 중요한 사람과의 관계도 쉽게 단절되는 경향이 있다.

관계가 더 악화될 것을 두려워하여 움츠러드는 사람

어떤 일이 있어도 스스로 관계를 정리하지 못하는 유형. 인내심 많고 마음이 넓은 사람처럼 보일 수도 있지만 사실은 문제가 확산되는 것을 두려워하여 상대방과 마주하려고 하지 않을 뿐이다. 이런 유형은 내가 먼저 상대의 화를 부추겨서 관계를 정리하는 일이 일어나지 않도록 안간힘을 쓴다. 상대도 비슷한 유형이라면 서로의 관계는 이러지도 저러지도 못하는 묘한 관계가 되고 만다. 혹은 상대가 먼저 관계를 청산할지도 모른다.

C 제삼자를 끌어들여 자신의 편을 만들어놓는 사람

선택한 사람

관계가 악화되면 우선 '내가 뭘 잘못했나? 상대방은 무슨 생각을 하고 있을까?'를 고민하는 유형. 이렇게 고민하면서 잘못된 관계 때문에 힘들어하는 자신을 동정하게 되고 '상처를 받은 사람은 나야!' 하는 생각을 하게 된다. 결국 자기가 상대에게 저지른 잘못과 상대방의 상처 따윈 안중에도 없고 무조건 자기가 피해자라고 우기는 상황이 연출된다. 결국 상대와의 관계는 돌이킬 수 없을 만큼 악화되고 원수지간이 되기도 한다.

> 일반적으로 사람에게는 자신의 자존심을 지키기 위해 다른 사람을 깎아내리려는 습성이 있다. 이는 상대방을 끌어내리고 자신을 위에 두고자 하는 심리적인 작용에 의한 현상이다.

Test 20

구사일생으로 살아남은 사람의 절규

난파한 배에서 가까스로 목숨을 건져 망망대해에서 구조를 기다리고 있다. 한참을 떠 있는데 멀리서 구명보트를 탄 구조대원이 다가오고 있다. 큰 소리로 절규하며 구원을 요청했지만 구조보트는 듣지 못하고 지나쳐버렸다. 멀어지는 구조보트를 보면서 어떤 생각을 할까?

A '내 힘으로 꼭 살아남을 거야!'

B '누군가가 꼭 구하러 올 거야!'

C '이렇게 죽을지도 몰라.'

Test 20 진단 결과

이 테스트를 통해 자신의 공격 습성을 파악할 수 있다.

사느냐, 죽느냐의 기로에서 구원의 손길을 기다려야 하는 절대 절명의 위기 상황. 이런 상황에서는 어쩔 수 없이 다른 사람을 짓밟고서라도 살아남아야 할 때도 있다. 이 테스트를 통해 어떻게 다른 사람을 공격하는지를 파악할 수 있다.

정면에서 공격하는 사람

정면에서 상대를 공격하는 유형. 정확하게 말해줄 일은 말해야 한다고 생각하고 상대의 약점을 치고 들어간다. 상대편이 크게 상처를 받고 돌아서면 자신이 승자라고 착각하기 쉽지만 나중에 뒤통수를 맞는 일이 종종 있다.

뒤에서 자기 편을 만든 뒤 조금씩 공격하는 사람

대놓고 공격하지 않고 뒤에서 조용히 공격하는 유형이다. 마치 자기가 피해자인 양 상대를 나쁜 사람으로 몰아세우고, 상대편의 나쁜 소문을 퍼뜨려서 주변 사람들을 자신의 편으로 만든다. 그러나 때로는 이런 방법이 상대의 편을 더 많이 만들어 자기가 파놓은 함정에 스스로 빠지기도 한다.

C 익명성을 이용하여 숨어서 공격하는 사람

다른 사람들 틈에 숨어서 공격성을 발휘하는 유형이다. 예를 들어 인터넷 게시판과 채팅을 통해 익명으로 맘에 들지 않는 상대편을 마음껏 공격하여 상처를 준다. 그러나 이런 일이 지속되면 다른 사람들에게 이상한 사람으로 낙인찍혀 게시판에 글을 올릴 자격을 박탈당하거나 채팅 상대를 찾지 못할 수도 있다.

> 공격성은 누구에게나 있고, 공격성의 표출방법도 각자 다르다. 얌전하고 내성적인 사람도 공격성을 가지고 있다. 다른 사람의 말에 무조건 반대하고 고집을 부리는 사람들은 반대와 고집을 통해 자신의 공격성을 드러내고 있는 경우이다. 이런 공격성을 '수동적 공격'이라고 한다.

Test 21

회의 중에 내가 하고 싶은 말은?

오른쪽 그림은 회의 장면이다. 각자 자기가 하고 싶은 말을 하고 있는데 어떤 말을 하고 있는 사람이 자신일까?

Test 21 진단 결과

이 테스트를 통해 다른 사람이 자신을 어떻게 평가하기를 원하는지 파악할 수 있다.

선택한 사람

'뭐든 잘하는 사람'으로 비춰지고 싶다

자신의 능력을 모든 사람이 알아주길 원하며, 업무 성과와 실적 면에서 좋은 평가를 받으면 공개하고 싶어한다. 잘못하면 '나서는 사람'이 된다.

선택한 사람

'바른 사람'으로 비춰지고 싶다

스스로에게 엄격하며 모든 사람들이 자신을 바르고 성실한 사람으로 인식해주길 원하며, 어떤 일을 하든 공평하게 판단할 줄 아는 사람이라는 말을 듣고 싶어한다. 잘못하면 '뭐든 토를 다는 귀찮은 사람'이 된다.

선택한 사람

'재미있는 사람'으로 비춰지고 싶다

다른 사람 일에는 그다지 관심이 없고 언제나 자신의 감정에 취해 있는 기분파. 자신을 섬세하고 상처받기 쉬운 연약한 사람으로 인식해주길 원한다. 잘못하면 '예측할 수 없는 기분파'가 된다.

'보스 같은 사람'으로 비춰지고 싶다

자신의 생각대로 일이 추진되고 사람을 움직이길 원한다. '나중에 반드시 대단한 사람이 될 거야!' 하는 강한 신념을 갖고 있으며, '대단한 사람, 보스!'로 인식되길 원한다. 잘못하면 '허풍이 심한 사람'이 된다.

'머리 좋은 사람'으로 비춰지고 싶다

지적이고 유능한 사람이라는 스스로에 대한 확신이 강한 사람이며, 모든 일을 냉정하게 판단한다. 머리 좋고 사려 깊으며 똑똑한 사람이라고 인식되길 원한다. 잘못하면 '앞뒤가 꽉 막힌 사람'이 된다.

'착한 사람'으로 비춰지고 싶다

다른 사람을 기쁘게 해주고 싶은 마음이 강한 사람. 다른 사람에게 뭔가를 베풀고 그 사람에게 감사하다는 말을 들으며, '착한 사람'으로 인식되기를 원한다. 잘못하면 '부담스러운 사람'이 된다.

Test 22

그릇은 몇 개나 필요할까?

나는 큰 성의 주인이다. 성 안에는 하인들 외에 친구가 될 사람이 없다. 어느 날 밤, 너무나 심심해서 친구들을 불러 파티를 열기로 했다. 다음 그림을 보고 친구들을 몇 명이나 부를지 생각한 다음 필요한 그릇의 개수를 생각해보자.

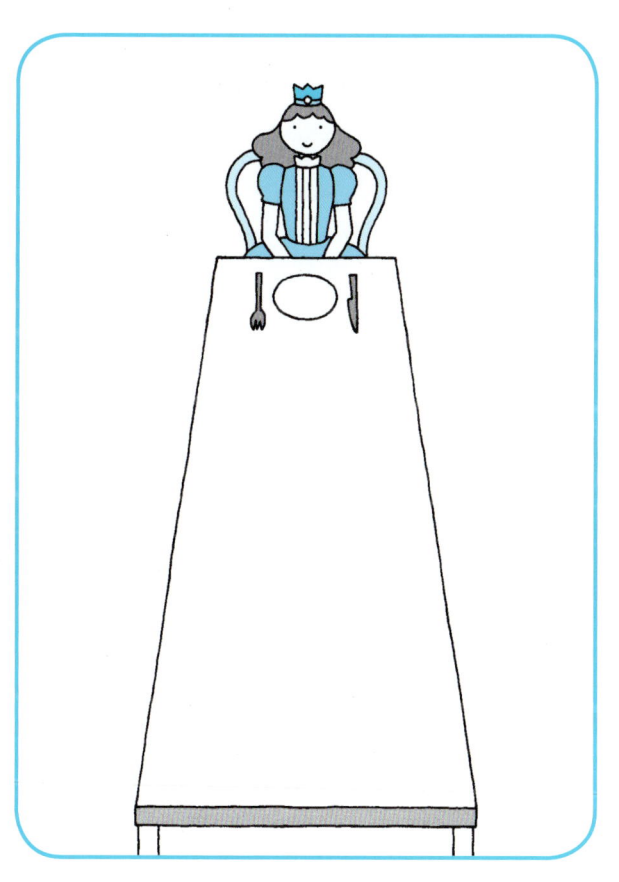

Test 22 진단 결과

생각한 그릇의 개수는 지금 친구가 몇 명이나 필요한지 말해준다.

그릇의 개수는 자신이 원하는 친구의 수를 의미한다. 즉, 그릇의 개수가 적은 사람은 소수의 친구들과 어울리기를 원하는 사람이며, 그릇의 수가 많을수록 많은 사람과 어울리고 싶어하는 사람이다.

또한 테이블 위에 그릇을 배치하는 방법을 보고서 친구들과 얼마만큼 거리를 유지하고 싶은지를 파악할 수 있다. 자기 자리와 가까운 곳에 그릇을 배치한 사람은 사적인 일이든 비밀이든 개의치 않고 친구들과 터놓고 지내고 싶은 사람이다. 그러나 자기 자리에서 조금 멀리 그릇을 배치한 사람은 아무리 친구지만 지킬 것은 지키면서, 숨길 것은 숨기는 그런 관계를 원하고 있다고 할 수 있다.

대답 예

① 맞은편에 놓여진 그릇 한 개

감정적으로 통하는 친구보다는 냉정하게 깊이 있는 이야기를 나눌 수 있는 친구를 원한다. 그러나 사적인 부분에 대한 이야기는 하고 싶지 않으며 친구가 간섭하는 것도 원하지 않는다.

② 자기 근처에 놓은 하나 또는 두 개 정도의 그릇

너무 많은 사람과 어울리는 분위기를 좋아하지 않으며, 뭐든 터놓고 이야기할 수 있는 친구 한두 명을 원한다.

③ 테이블에 거의 같은 간격으로 나란히 늘어놓은 그릇

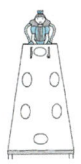

테이블을 에워싸듯 늘어놓은 그릇을 생각한 사람은 친구들과 함께하거나 가족들과 같이 있는 시간을 중요하게 생각한다.

이 질문을 보고 나서 직사각형 테이블보다는 원형 테이블이 더 좋을 것 같다고 느낀 사람은 직업상 관계 또는 사회적인 지위 등에 연연해하지 않는 유형이다. 이런 사람은 가족 같은 분위기, 편안하고 따뜻한 교류를 통해 허물없이 지낼 수 있는 친구를 만들고자 한다.

Test 23

나는 얼마나 카리스마 있는 사람인가?

①~⑯까지의 항목을 보고 자신과 맞으면 'YES', 아니면 'NO', '조금 비슷하다.'거나 '그저 그렇다.'이면 '?'로 표시해 □ 안에 써넣자. 대답이 끝나면 채점표를 보고 점수를 합산해보자.

- □ ① 다른 사람과 대화할 때는 내 생각보다는 그 사람이 좋아하는 이야기를 하는 편이다.
- □ ② 가족의 평화를 생각해서 부모님과 친척 어르신들의 말씀은 되도록 따르려 한다.
- □ ③ 내가 다른 사람보다 잘났다고 느껴지면 기분이 좋다.
- □ ④ 첫인상이 중요하기 때문에 사람들 앞에 나설 때는 결코 싸구려는 걸치지 않는다.
- □ ⑤ 중요한 일을 결정해야 할 때는 누군가 믿을 만한 사람에게 조언을 구해야 마음이 놓인다.
- □ ⑥ 규칙과 법규를 지켜야 마음이 안정된다.
- □ ⑦ 내가 말한 것은 언제나 잘 들어맞아서 사람들이 점쟁이라고 할 정도이다.
- □ ⑧ 사진과 비디오에 찍히는 것을 좋아하고, 사진이 실물보다 낫다고 느낄 때도 많다.

- ☐ ⑨ 건강 문제와 경제적인 일로 앞으로 어떻게 해야 할지 몰라서 가끔 불안하다.
- ☐ ⑩ 다른 사람과 만날 때는 고급스러운 카페와 호텔 로비 같은 곳을 선호하는 편이다.
- ☐ ⑪ 내가 한 일도 아닌데 의심받으면 정말 화가 난다.
- ☐ ⑫ 나에게 기대며 도움을 청하는 사람을 보면 정말 한심하다는 생각이 들지만 결국 도움을 주게 된다.
- ☐ ⑬ 지금까지 아르바이트와 일을 하면서 스스로 생활비를 벌어본 적이 있다.
- ☐ ⑭ 조금만 손을 내밀어도 금방 손을 잡고 도움을 줄 친구들이 적어도 열 명은 있다.
- ☐ ⑮ 사람들 앞에서 이야기를 하거나 프레젠테이션을 하면 기분이 좋아진다.
- ☐ ⑯ 일단 의심하기 시작하면 계속 의심이 커져서 해결할 수 없을 만큼 증폭된다.

	①	②	③	④	⑤	⑥	⑦	⑧	⑨	⑩	⑪	⑫	⑬	⑭	⑮	⑯	계
YES	2	0	2	2	0	0	2	2	0	2	0	2	2	2	2	0	
?	1	1	1	1	1	1	1	1	1	1	1	1	1	1	1	1	
NO	0	2	0	0	2	2	0	0	2	0	2	0	0	0	0	2	

합계 :

Test 23 진단 결과

특별한 재능이 있는 선망의 대상, 얼마나 카리스마가 있는가?

'카리스마'란 그리스 어로 '신의 선물'이라는 뜻이다. 보통 사람과는 사뭇 다른 재능과 자질을 가진 사람은 주변 사람들에게 열광적인 호응을 얻고 선망의 대상이 되기도 한다. 이런 선망의 대상이 되는 사람을 가리켜 "카리스마가 있다."고 한다. 나에게는 과연 카리스마가 어느 정도 있을까?

'카리스마 90%' 이 시대 최고의 카리스마!

자신의 능력을 최대한 발휘하고 사람들을 매료시키는 묘한 힘을 가지고 있는 사람이다. 그런 카리스마에 재능, 특기, 취미 등의 좋은 점들이 부가되면 더욱 놀라운 힘을 느낄 수 있다. 그러나 내면이 채워지지 않았다면 사기꾼처럼 보이기 쉬우므로 조심하자.

'카리스마 60%' 카리스마 넘치는 사람이 되기는 어려울 듯!

보통보다는 조금 넘치는 수준이다. 따라서 사람들 사이에 있으면 조금 다른 분위기를 연출할 수 있다. 그러나 그 정도만으로는 진정한 카리스마를 갖기 어렵다. 특히나 다른 사람보다 월등한 재능과 특기가 없다면 나이 들수록 평범한 사람으로 전락하기 쉽다.

점인 사람

'카리스마 30%' 카리스마 넘치는 사람의 보조자 역할이 제격!

카리스마 넘치는 리더 역할을 하기보다는 리더를 보조해주는 역할을 하면 어울릴 사람. 다른 사람을 통솔하기보다는 주어진 일에 충실하고 묵묵히 자기 일에 최선을 다하는 타입. 그래서 카리스마 있는 리더와 선생님을 존경하면서 그 사람들을 뒷받침해주는 보좌역에 적격이다.

점 이하인 사람

'카리스마 10%' 자신에게 없는 카리스마를 추구하는 사람

카리스마라는 말과는 거리가 먼 사람. 카리스마가 없기 때문에 강한 카리스마를 추구하는 유형이다. 그래서 간혹 카리스마가 넘쳐흐르는 사기단체에 현혹되거나 확인되지 않은 조직에 끌릴 수 있으므로 주의하자.

Test 24

누가 생각나는가?

Q1~Q4의 질문에 대답해보자. 각각 누가 떠오르는가?

Q1
나는 지금 문 안쪽에 있다. 문을 열면 문 앞에 누군가가 서 있을 것이다. 그 사람은 누구일까?

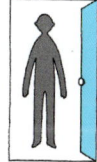

Q2
계단 위에 누군가가 서 있다. 위를 올려다보았을 때 계단 위에 서 있는 사람은 누구일까?

Q3
오른쪽 뒤에 누군가가 서 있다. 사람 모습은 안개에 가려져서 잘 보이지 않는다. 이 사람은 누구일까?

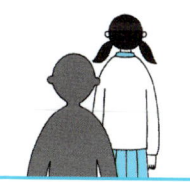

Q4
누군가와 함께 놀이기구를 타고 있다. 누구인가?

제2장 인간관계 스트레스에서 해방!

Test 24 진단 결과

각각의 질문에서 떠오른 사람은 자신의 관심권 안에 있는 사람이다.

Q1 문 앞에 서 있는 사람은 '지금 가장 필요한 사람'

'내가 기다리고 있는 사람'이다. 그 사람은 좋은 소식을 가지고 오는 사람이다. 나를 안심시켜주고 따뜻하게 감싸주며 변치 않는 응원과 사랑을 전해주는 사람이다.

Q2 계단 위에 서 있는 사람은 '선망의 대상'

조용히 마음속으로 존경하고 닮고 싶어하는 사람이다. 심리적으로 상대를 나보다 나은 사람으로 생각할 때는 그 사람을 올려다보게 된다. 반대로 '계단 위에서 내려다보았을 때 밑에 서 있는 사람은?'이란 질문에서 떠오른 사람은 자연히 자신보다 아랫사람으로 생각하는 사람이다.

보이지 않는 곳에서 나를 지켜보고 있는 사람은 '의심의 대상'

정작 내 눈에는 확실히 보이지 않지만 상대가 나를 지켜보고 있는 상황은, 그 생각만으로도 불안하고 기분 나쁘다. 이런 상황에서 떠오른 사람은 스스로 평소에 믿을 수 없고 만나기 싫고 사귀기 어려운 사람으로 생각하고 있을 것이다.

 옆에 앉아 있는 사람은 '친해지고 싶은 대상'

평소에 즐거운 일을 함께하고 싶어하는 사람이다. 만약 떠오른 사람이 이성이라면 평소에 그 사람과 좋은 인연이기를 희망하고 있었을지 모른다.

입버릇으로 아는 마음속 진실

상대방의 입버릇과 무의식 중에 나오는 말들을 통해 그 사람의 성격을 판단할 수 있다. 예를 들면 "~해야 한다." "~하지 않으면 안 된다." 등의 말이 입버릇인 사람은 책임감이 강한 완벽주의자. 다른 사람의 결점을 쉽게 잡아내는 사람이다. "~해줄게." "상부상조하는 거지."라는 말이 입버릇인 사람은 동정심이 많고 불쌍한 사람을 지나치지 못하는 친절한 사람이다.

"그건 상식이야." "현실적이지 못해." "이게 현실적이야." 등의 말을 자주 하는 사람 중에는 상하관계를 정확하게 따지는 보수적인 사람이 많다. 이런 사람들은 자신과 생각이 다른 사람을 쉽게 받아들이지 못한다.

상대방의 말을 끝까지 듣지 않고 "그래서 결론부터 말해봐." 하며 서두르는 사람은 스스로 유능한 사람이라고 믿고 있다. 이런 유형의 사람은 대부분 누가 봐도 결단력과 실천 능력이 뛰어나지만 심사숙고하지 않기 때문에 본인이 생각하는 만큼 두뇌회전이 빠르지 못하다.

"얘기를 바꿔서~."라며 자주 화제를 전환하는 사람은 호기심이 왕성하지만 인내심이 부족해서 일단 시작한 일을 끝까지 밀고 가지 못한다. 따라서 사람을 사귈 때도 한 사람을 깊이 사귀기보다는 많은 사람을 알고 지내는 사교가의 특성을 보인다.

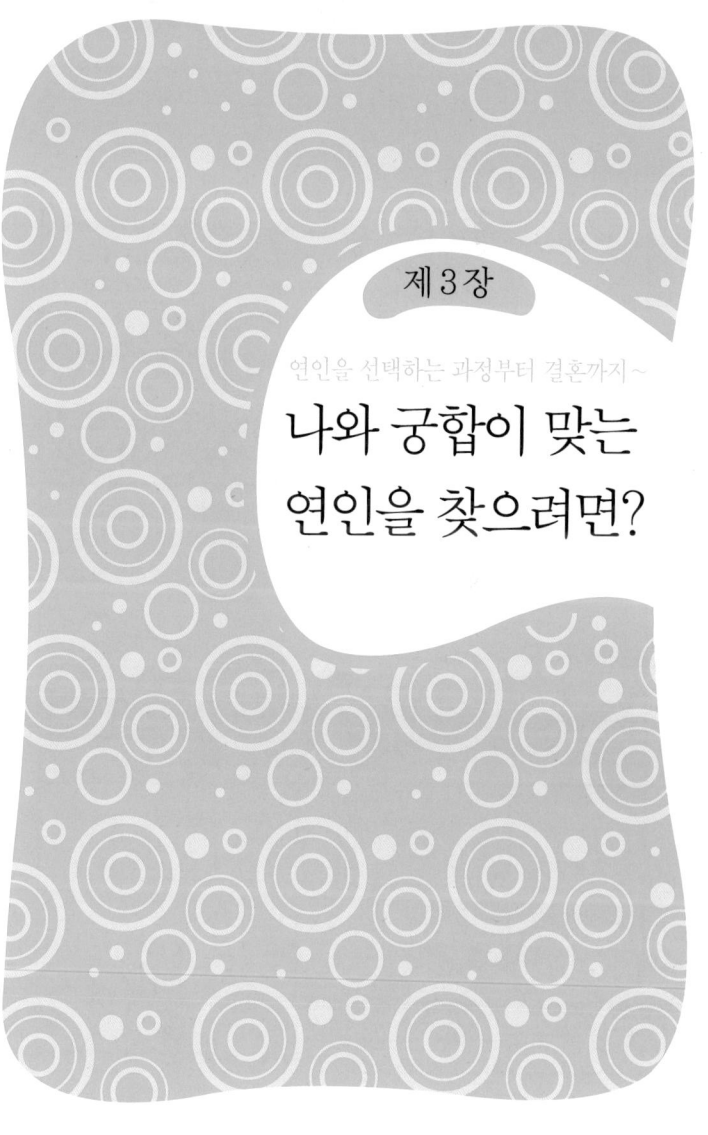

제3장

연인을 선택하는 과정부터 결혼까지~

나와 궁합이 맞는 연인을 찾으려면?

"사랑의 미로에서 꺼내주세요!"

Test 25

탐정의 필수품

나는 대도시의 사립 탐정이다. 어떤 사건을 맡아 조사를 나가게 되었는데 반드시 필요한 물건이 있다. 어떤 물건이 탐정의 필수품인가?

Ⓐ 변장도구

Ⓑ 무기

Ⓒ 필기도구

Test 25 진단 결과

이번 테스트를 통해 연애 성향을 파악할 수 있다.
탐정의 필수품이란 위험을 무릅쓰며 비밀을 파헤치고 사건의 실마리를 풀어서 해결하는 데 없어서는 안 될 도구를 의미한다. 이는 연애를 할 때도 비슷하다. 무엇을 필수품이라고 생각하고 있는가에 따라 어떤 연애를 하고 어떤 사람을 선택하는지를 알 수 있다.

선택한 사람

사랑의 줄다리기를 잘하고 센스가 있는 사람

이성 앞에 서면 스스로를 최고의 연인 상대로 비춰지도록 연기한다. 그리고 가능한 콧대를 세워 상대를 압도하려는 유형. 좋아하는 사람인데도 일부러 쌀쌀맞게 대한다거나 여운이 남는 말과 행동으로 상대를 혼란에 빠뜨리는 등, 사랑의 줄다리기에 탁월한 능력을 발휘한다. 이렇게 밀고 당기는 행동을 통해 상대를 자신의 연인으로 만들려고 한다.
이상형 이상형 수려한 외모는 기본! 스타일이 좋고 옷과 소지품들도 고급스러워야 하며 부유해 보이는 사람을 원한다.

선택한 사람

위험하고 위태로운 사람과 불꽃 같은 로맨스를!

권총은 스스로를 보호해주는 수단이지만 동시에 다른 사람을 위협하는 공격의 도구이며 치명적인 상처를 입히는 무서운 무기이다. 첫눈에 반한 사람과 뜨거운 사랑에 빠지길 원하며, 처음 만난 날에 깊은 관계로 빠져들 수 있는 유형이다. 순간의 감정에 이끌린 위험하지만 정열적인 사랑을 꿈꾸는 사람이다.

이상형 평범하지 않고 자유분방한 보헤미안 스타일의 남자를 선호한다. 특히 자기와는 전혀 다른 가치관과 인생관을 가지고 살아가는 사람일수록 끌리기 쉽다.

시간을 두고 천천히 관찰하다가 친구에서 연인으로 발전하는 사랑!

평소에 이성을 대할 때 냉정함을 잃지 않는다. 아무리 좋아하는 사람이라도 갑작스레 접근해오면 한 발 뒤로 물러나지는 않는지? 친구처럼 허물없이 지내다가 천천히 연인으로 발전하는 자연스러운 연애를 원한다.

이상형 서로 공유할 수 있는 취미와 전문 분야가 있어서 같은 화제로 즐겁게 이야기를 할 수 있는 사람에게 끌린다.

Test 26

어떤 속옷을 살까?

여행 가기 전에 속옷을 하나 마련하려고 한다. 속옷가게에 들어가 고른 속옷은 어떤 것?

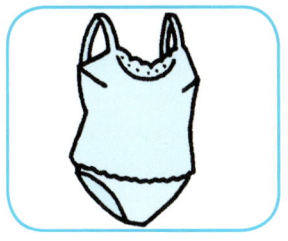
A 고급스럽고 여성스러운 속옷

B 스포츠 타입의 회색 속옷

C 야한 검은색의 T백 스트링 속옷

D 갈색 표범무늬 속옷

E 흰색이나 연핑크, 자잘한 꽃무늬가 섞인 평범한 면 속옷

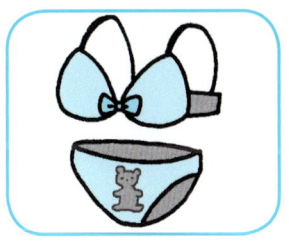
F 곰 그림이 새겨진 귀여운 면 속옷

Test 26 진단 결과

어떤 속옷을 선택했느냐에 따라 원하는 연애 스타일을 파악할 수 있다. 비밀스러운 이미지가 떠오르는 속옷을 어떤 취향에 따라 고르는가를 통해 원하는 연애 방식을 알 수 있다.

A 로맨틱한 연애를 꿈꾸는 당신!

선택한 사람

마치 로맨틱 영화의 주인공이 된 듯한 느낌의 달콤하고 아름다운 연애를 꿈꾼다. 사랑하는 사람이 나타나면 그 사람을 자기 마음대로 이상화하지만 결국 현실에 부딪히면 금방 싫증 내고 마는 유형.

B 상큼한 연애를 꿈꾸는 당신!

선택한 사람

청춘 드라마처럼 상큼 발랄한 연애를 하고 싶어한다. 동아리, 모임 등에서 인연을 만나 많은 사람들에게 공인받은 커플이 되고 싶어하는 유형이다.

C 순간의 사랑이지만 진한 사랑을 원하는 당신!

선택한 사람

대담하고 열렬한 연애를 원한다. 정숙하고 깔끔한 이미지를 추구하지만 본능에 충실한 육감적이고 진한 관계를 즐긴다.

서로 사생활에 관여하지 않는 심플한 연애를 원하는 당신!

가벼운 마음으로 한때를 즐길 수 있는 상대를 원한다. 마음이 끌리는 대로 사람을 만나고 그 순간을 재미있게 보낼 수 있으면 OK. 물론 서로에게 싫증나면 바로 헤어질 수 있는 마음의 준비도 되어 있다.

보호해주고 싶은 사람과 함께하고 싶은 당신!

내가 아니면 안 되는 사람과 사랑에 빠지고 싶어하고 언제나 상대를 지탱해주고 있다는 느낌이 들 때 행복한 사람이다. 따라서 모성본능을 자극하는 연약한 남자와 쉽게 의지해오는 남자에게 끌린다.

이루어질 수 없는 사랑의 짜릿함을 원하는 당신!

이미 가정이 있는 사람 혹은 비밀에 가득 찬 사람과의 위험천만한 사랑에 빠지기 쉽다.

Test 27

놀이공원 아르바이트

친구와 함께 놀이공원에서 아르바이트를 하게 되었다. 아르바이트 첫날, 생각지도 않은 상황에 직면하게 되는데……. 다음 그림을 보고 마지막 장면에서 자신의 생각을 A~C 중에서 골라보자.

Ⓐ '싫어! 이런 옷은 창피해서 절대 입을 수 없어!' 하는 생각에 자신도 모르게 얼굴을 감싼다.

Ⓑ '한푼이 아쉬운데 뭐든 할 수 있어!' 주먹을 불끈 쥐고 각오를 다진다.

Ⓒ '왜 내가 이걸 입어야 하지?' 하며 우울해한다.

Test 27 진단 결과

이 테스트를 통해 나와 궁합이 맞는 유형을 파악할 수 있다.

자기가 생각했던 것과는 전혀 다른 상황이 전개되었을 때, 그것도 너무나 황당한 상황에 직면했다면? 이런 상황에서 취한 행동을 통해 자신과 너무나 잘 어울리는 궁합 100%의 상대가 어떤 유형의 사람인지를 알아볼 수 있다. 과연 어떤 상대를 만나야 백년해로할 수 있을지 진단해보자.

선택한 사람

- **연인의 직업** 언론이나 광고, 패션 등의 직종에 종사하는 사람. 사회에서 왕성한 활동을 하는 도시적인 인물.
- **데이트 코스** 평일 밤에는 단골로 자주 찾아가는 장소. 휴일에는 명동거리, 대학로, 압구정처럼 젊음으로 가득 찬 곳이 안성맞춤.
- **그(그녀)의 마음을 사로잡는 방법** 평소에도 옷과 화장, 소지품에 신경을 쓰고 향수와 머리모양에도 공을 들일 것. 특히 피부관리를 소홀히 하지 말 것!

선택한 사람

- **연인의 직업** 자영업이나 프리랜서, 부동산 관련 업종에 종사하는 사람. 인생관이 확실하고 솔직하게 살아가는 인물.
- **데이트 코스** '맛있는 음식을 먹고, 좋은 술을 마시며' 함께 하기 좋은 데이트 코스는 맛집으로 소문났지만 아는 사람

만 아는 오래된 선술집 또는 작은 레스토랑. 전국의 맛집을 찾아 주말 여행을 떠나는 것도 좋은 방법.
- **그(그녀)의 마음을 사로잡는 방법** 건강하고 섹시한 몸을 만들기 위해 노력하자. 몸의 굴곡이 확실하고 미끈한 몸을 위해 열심히 운동할 것.

선택한 사람

- **연인의 직업** 하이테크 관련이나 전문 기술직 종사자. 장인 정신이 강한 기술자, 예술가.
- **데이트 코스** 혼잡한 시간을 피한 영화관 혹은 공원 안에 있는 작은 미술관이나 조용한 박물관 등 고요하고 지적인 분위기를 즐길 수 있는 장소.
- **그(그녀)의 마음을 사로잡는 방법** 창조적인 취미를 갖도록 노력할 것. 수예, 요리, 유화 등. 핵심은 여기저기 돌아다니지 않고 조용히 할 수 있는 일을 찾을 것.

Test 28

나는 사랑의 주인공이 될 수 있을까?

다음 ①~⑯까지의 항목 중에 자신의 이야기이면 'YES', 전혀 아니면 'NO', 조금 그렇거나 잘 모르겠으면 '?'를 □ 안에 써넣자. 다 끝나면 채점표를 참조하여 점수를 합산해보자.

- □ ① 스릴러, 공포, 액션 등 장르에 관계 없이 B급 정도의 오락영화가 좋다.
- □ ② 매일 스포츠클럽 또는 헬스장에서 운동한다.
- □ ③ 다른 사람이 툭 던진 말 한마디에 상처받고 우울해한다.
- □ ④ 사람들과의 이별과 죽음에 대해 자주 생각한다.
- □ ⑤ 베개를 바꾸면 잠이 잘 오지 않는다.
- □ ⑥ 음담패설은 죽었다 깨어나도 입에 담을 수 없다.
- □ ⑦ 아름다운 석양 노을을 바라보다가 갑자기 감정에 몰입해 나도 모르게 눈물을 흘린 적이 있다.
- □ ⑧ 보통 사람들은 절대 이해할 수 없는 언더그라운드의 음악 또는 난해한 영화 마니아이다.
- □ ⑨ 광기로 가득한 인생, 변태적인 성적 행위, 평범하지 않은 삶에 끌리곤 한다.

- ☐ ⑩ 사람들 앞에서도 '하나, 둘' 구령에 맞춰 팔다리운동을 할 수 있다.
- ☐ ⑪ 내 인생은 아직 시작도 하지 않았다고 생각한다.
- ☐ ⑫ 일기를 쓰고, 수취인불명의 편지와 이메일을 써본 적이 있다.
- ☐ ⑬ 사랑의 설렘은 사랑하는 사람을 만났을 때보다 떨어져 있을 때 더욱 간절하다.
- ☐ ⑭ 연애라는 말을 들으면 바로 야한 생각이 든다.
- ☐ ⑮ 지금까지 내가 좋아했던 이성은 대부분 뭔가 복잡한 문제를 안고 있었다.
- ☐ ⑯ 당일이 되지 않으면 확실하지 않은 일들이 많고, 미리 약속을 잡거나 계획을 세우는 일은 하고 싶지 않다.

	①	②	③	④	⑤	⑥	⑦	⑧	⑨	⑩	⑪	⑫	⑬	⑭	⑮	⑯	계
YES	0	0	2	2	2	2	2	2	2	2	2	2	2	2	2	2	
?	1	1	1	1	1	1	1	1	1	1	1	1	1	1	1	1	
NO	2	2	0	0	0	0	0	0	0	2	0	0	0	2	0	2	

합계:

Test 28 진단 결과

이 테스트를 통해 연애 성격을 파악할 수 있다.
세상에는 언제나 연애하듯 살아가고 싶은 사람과 연애 따위에는 관심 없다고 생각하는 사람이 있다. 이런 생각의 차이는 사실 '연애 성격'이라는 것에 따라 다르게 나타난다.

24
점 이상인 사람

'연애 성격 80% 이상' 언제나 사랑에 목마른 연애의 주인공!

감수성이 예민하고 감정에 쉽게 동요되는, 진정 연애를 위해 태어난 사람. 자신의 모든 것을 버리더라도 사랑을 위해서라면 아깝지 않다고 생각한다. 연애할 때의 두근거림과 짜릿함 없는 인생은 허무하다고 생각할 정도. 일단 한 사람을 사랑하기 시작하면 앞뒤, 물불을 가리지 않고 연애에 몰입하는 유형이다.

16~23
점인 사람

'연애 성격 60%' 사랑에 대한 환상을 버릴 수 없는 사람

현실의 사랑과 언제나 꿈꿔왔던 이상적인 사랑의 차이를 극복하지 못해 방황하는 유형. 그러나 언젠가 반드시 일생에 단 한 번 영화와 드라마에서 본 것처럼 아름답고 절절한 사랑을 할 것이라는 희망을 버리지 않는다. '영원히 설레고 싶어라!' 하며 이상적인 연애를 꿈꾸는 사람이다.

'연애 성격 40%' 사랑의 두근거림은 잠시, 바로 현실로 돌아오는 사람

로맨틱한 분위기와 기분에 쉽게 취하지 못하는 유형. 사람들의 눈을 의식하고 현실의 잡다한 문제에 연연해하기 때문에 연애 감정에 자신을 내어놓는 일은 거의 없다. 멜로나 로맨틱 영화의 주인공들이 사랑을 속삭이는 장면을 보면서 '난 저렇게 낯간지러운 짓은 절대 못 해.' 하고 생각한다.

'연애 성격 20%' 연애는 포기하고 다른 즐거움을 찾아보는 유형

연애와는 거리가 먼 사람. 사랑의 정열과 감정의 동요, 설렘 등에 대한 관심이 거의 없으며 모든 일을 단순하게 생각하고 간단하게 처리하는 유형이다. 연애에 대한 관심과 고민이 너무 없는 것이 문제라면 문제인 사람. 연애의 주인공이 되기보다는 용기와 끈기가 필요한 모험 또는 스포츠에 열중하기를 더 좋아한다.

Test 29

어떤 물고기가 잡혔을까?

바다에서 낚시를 하고 있다. 다음 Q1~Q4의 질문에 대답해보자.

Q1

표적으로 삼은 물고기를 잡기 위해서는 무엇이 가장 중요한가?

A 떡밥이 좋으면 물고기는 쉽게 잡을 수 있다.
B 낚시 기술을 터득할수록 좋은 물고기를 잡을 수 있다.
C 장소가 좋으면 어떻게든 물고기를 잡을 수 있다.

Q2

가까이에 있는 사람은 벌써 여러 마리 월척을 했지만 나는 여전히 바다만 바라보고 있다. 어떻게 할까?

A 물고기를 모으기 위해 떡밥을 주변에 잔뜩 뿌려본다.
B 장소를 옮겨본다.
C 물고기가 잡힐 때까지 기다린다.

Q3

낚시찌가 조금씩 흔들리기 시작했다. 낚싯대를 잡고 있는 손에 전달된 느낌은?

A 떡밥을 물고 움직이는 것 같은 느낌
B 낚싯줄이 죽 끌려가는 느낌
C 강한 힘으로 낚싯대를 끌고 가는 느낌

Q4

실제로 걸려든 것은 무엇일까?

A 맛있어 보이는 물고기
B 먹을 수 없을 것 같은 물고기
C 미끌미끌한 문어

Test 29 진단 결과

이 테스트를 통해 자신이 야한 행위에 대해 어떤 생각을 가지고 있는지를 알 수 있다.

Q1
표적으로 삼은 물고기를 잡기 위한 조건은 자신이 상대의 눈에 들기 위한 스스로의 조건을 의미한다.

A를 선택한 사람 '매력이 있으면 이성에게 인기가 있는 것은 당연하다.'고 생각한다. 그리고 자기에게는 그만한 매력이 있다고 생각한다.

B를 선택한 사람 이성의 기대에 부응하는 사람이 되어야 한다고 생각한다. 스스로를 잘 가꿔야 이성에게 호감을 얻을 수 있다고 믿기 때문에 평소에 옷차림은 물론 화장, 머리모양, 소지품 등에 신경을 많이 쓰는 편이다.

C를 선택한 사람 만남의 기회가 제일 중요하다고 생각한다. 어딘가 꼭 나만의 연인이 있을 거라는 운명적 만남을 기대한다.

낚시할 때의 태도를 통해 바람기를 체크할 수 있다.

A를 선택한 사람 사귀는 동안에는 사랑하는 사람에게만 집중하며 다른 이성은 거들떠보지도 않는다. 그러나 일단 헤어지기로 마음먹으면 그만큼 미련을 두지 않고 바로 마음을 정리하고 다른 사람을 만날 수 있는 사람.

B를 선택한 사람 지금 사귀고 있는 사람이 있어도 금방 다른 사람이 눈에 들어오는 유형. 조금이라도 관심이 있는 이성이 옆에 있으면 저 사람이 더 멋지다고 생각하며 사귀고 싶어하는 위험한 유형.

C를 선택한 사람 누군가 좋아하는 사람이 생기면 계속 그 사람만 생각하는 유형. 상대와 자신을 하나로 생각하고 상대방이 바람을 피우거나 자신을 떠난다 해도 다시 돌아올 때까지 기다리는 사람.

 낚싯줄의 움직임을 어떻게 느꼈는가에 따라 성적인 쾌락과 성에 대한 욕구를 파악할 수 있다.

A를 선택한 사람 성적인 접촉은 창피한 일이라고 생각한다. 연인이 스킨십을 하며 유혹해도 사람들 시선이 의식되는 곳에서는 결코 성적인 흥분을 느낄 수 없다. 오히려 야한 생각을 하거나 숨어서 자위를 하면서 쾌락을 느끼는 경우가 많다.

Test 29 진단 결과

B를 선택한 사람 연인과 사랑을 속삭이면서 로맨틱한 분위기 속에서 자연스러운 스킨십을 기대한다. 그러나 실제로 사랑을 나눈 다음에는 기대도 실망도 하지 않는 덤덤한 모습을 보인다.

C를 선택한 사람 보통 사람들보다 성적인 쾌락에 관심과 기대가 많은 사람. 연인과 힘이 빠질 때까지 사랑을 나누면서 불같은 정열을 꽃피우고 싶어한다.

Q4
낚싯줄에 걸려든 물고기는 연인이라고 생각하기 쉽지만 실은 자신이다. 이성 앞에서 자신이 어떻게 행동하는지를 알아볼 수 있다.

A를 선택한 사람 이성 앞에서 무의식적으로 '나는 정말 맛좋은 물고기예요.'라는 태도를 보이면서 페로몬을 발산한다. 주변 사람들이 '야한 사람'이라고 말할 수도 있다.

B를 선택한 사람 스스로 '불감증일지도 몰라.' 하고 생각한 적은 없는지? 어쩌면 약간 변태적인 취향이 있을지도 모른다. 그러나 주변 사람들은 '야한 것을 싫어하는 사람'이라고 인식할 수 있다.

C를 선택한 사람 정숙한 이미지와는 달리 매우 성적인 쾌락을 즐기는 사람은 아닌지? 주변 사람들은 이미 변태라고 생각할지 모른다.

이른바 속궁합은 남녀의 식습관을 보면 쉽게 알 수 있다. 음식을 먹는 것도, 성생활을 하는 것도 생리적인 감각이 작용하기 때문이다. 만난 지 얼마 안 된 커플이라도 몇 번 정도 식사를 같이 하는 동안에 서로 좋아하는 음식과 먹을 때의 버릇 같은 것을 알아볼 수 있다. 둘의 식습관이 전혀 맞지 않고 상대의 식사 태도가 못마땅하다면 속궁합은 그다지 좋지 않다고 해도 좋을 것이다.

Test 30

시든 꽃을 바라보며 하는 말

소중하게 길러온 화분의 꽃이 시들어버렸다. 그 꽃을 바라보며 뭔가 말을 해준다면 뭐라고 할까? 또 시든 꽃은 어떻게 할 것인가?

A "어머 왜 시들어버렸지?"
하고 말하면서 며칠 더 두고 본다.

B "정말 미안하다. 물 줄게. 잠깐만 기다려 줘." 하며 꽃이 살아날 때까지 최선을 다해 보살핀다.

C "왜 시들어버렸을까? 할 수 없지."
하며 바로 꽃을 버린다. 혹은 다른 화분으로 교체한다.

Test 30 진단 결과

이 테스트는 성관계 후 마음에 들지 않았을 때 자신이 어떤 행동을 할지 알아볼 수 있다.

시들어버린 꽃을 보고 하는 말은 나를 만족시켜주지 못한 파트너를 보며 속으로 하는 말이다. 그 꽃을 어떻게 할 것인가는 상대에 대한 나의 태도를 나타낸다.

그다지 상대를 배려한다고 할 수 없으며 냉정하게 대처한다

상대를 배려하는 마음은 그다지 크지 않지만, 상대의 마음을 아프게 하거나 상처 주는 행동과 말을 자제할 줄 아는 사람이다. 또 이런 일들이 서로의 사랑에 타격을 줄 만큼 큰 사건이라고 생각하지 않는다.

과잉친절이 오히려 상대를 부담스럽게 한다

상대를 배려하는 마음으로 친절을 베풀고 봉사 정신을 발휘할 줄 아는 사람이다. 낙담하고 속상해하는 상대를 바라보며 더욱 감싸주려 한다. 그러나 이런 과잉친절 때문에 오히려 상대가 자신감을 상실하고 부담스럽게 느낄 수도 있다.

C 노골적으로 감정을 표현해서 상대에게 상처를 준다

상대에 대한 실망감을 감추지 못하고 그대로 표현하는 사람이다. 말로 표현하지 않아도 상대에게 마음이 그대로 전달되어 큰 상처를 남긴다. 어쨌든 이런 사람의 진심은 '좀 더 잘하면 좋을 텐데.'이다.

> 이 테스트에서는 세 가지 대답 중에 고르는 방식이었지만, 이와 다르게 자유롭게 말하도록 한다면 여러 가지 이야기가 나올 것이다. 친구들과 모였을 때, "어떤 말을 해줄래?" 하고 주관식 형태로 물어보면 어떨까? 친구들 입에서 놀라운 대답들이 나올 것이다.

Test 31

연인과의 궁합을 알아보자!

다음의 ①~⑮까지의 질문을 읽고 해당이 되면 'YES', 해당되지 않으면 'NO', '어느 정도 해당된다.' 혹은 '어느 쪽이라고도 할 수 없다.'면 '?'로 대답해 □ 안에 써넣자. 전부 끝나면 채점표를 보고 합계 점수를 내보자.

- □ ① 좋아하는 음식은 대체로 비슷한 편이다.
- □ ② 상대에게 받은 선물들 중에는 내 취향이 아니라서 쓰지 않는 것도 있다.
- □ ③ 만날 때는 언제나 둘만의 데이트를 즐긴다.
- □ ④ 둘 사이에 태어날 아이는 정말 귀여울 것 같다.
- □ ⑤ 상대에게서 "당신은 그런 사람이 아니라고 생각해."라는 말을 들은 적이 있다.
- □ ⑥ 보통 연락은 내가 먼저 하며, 그 사람이 먼저 연락한 적은 거의 없다.
- □ ⑦ 만나지 않을 때는 그 혹은 그녀가 어디서 무엇을 하고 있는지 거의 알 수 없다.
- □ ⑧ 서로 약속 장소와 시간을 잘못 알아서 못 만난 적이 몇 번 있다.
- □ ⑨ "그렇게 말할 줄 알았다." "어떻게 알았어?" 이런 말을 종종 한다.

- ⑩ 화제가 없거나 할 말이 없어도 둘만의 시간이 지루하지 않다.
- ⑪ 나는 농담이라고 생각했는데 그 혹은 그녀가 갑자기 화를 낸 적이 있다.
- ⑫ 그 혹은 그녀는 자신의 과거와 집안 이야기를 거의 하지 않는다.
- ⑬ 그 혹은 그녀가 사용한 손수건은 사용하고 싶지 않다.
- ⑭ 그 혹은 그녀가 웃기는 얘기를 해줘도 그다지 웃기지 않는다.
- ⑮ 둘 사이를 알고 있고 우리를 응원해주는 친구와 동료들이 있다.

	①	②	③	④	⑤	⑥	⑦	⑧	⑨	⑩	⑪	⑫	⑬	⑭	⑮	계
YES	2	0	0	2	0	0	0	0	2	2	0	0	2	0	2	
?	1	1	1	1	1	1	1	1	1	1	1	1	1	1	1	
NO	0	2	2	0	2	2	2	2	0	0	2	2	0	2	0	

합계 :

Test 31 진단 결과

이 테스트를 통해 지금 사귀고 있는 사람과의 궁합을 알아볼 수 있다. 여기서 연인의 궁합은 지금 사귀고 있는 사람과 관계가 지속될 것인가 혹은 결혼에 골인할 것인가를 판단하는 기준이 된다.

최고의 궁합! 반드시 백년해로할 커플이다

둘은 최고의 궁합으로 만난 인연이다. 서로 상대를 신뢰하고 성실하게 만남을 계속하자. 관계가 지속될수록 결혼할 수 있는 커플이다. 분명 행복한 결혼생활을 할 수 있을 것이다.

보통 정도의 궁합. 긍정적인 자세로 서로 사랑하자

둘의 궁합은 좋은 편이다. 서로 의견이 맞지 않아 싸우기도 하고 오해하기도 하겠지만 서로의 관계를 긍정적으로 생각하면 쉽게 다시 만날 수 있다. 좋은 관계를 지속하기 위해 노력하면 결혼에 골인할 수 있는 연인이다.

궁합은 그저 그렇다. 관계가 지속될지는 미지수

서로의 궁합은 그저 그런 연인. 성격이 맞지 않는 부분이 눈에 띄고 가치관도 많이 다르다. 서로 의견 일치를 보지 못해 티격태격하다보면 스킨십도 제대로 되지 않을 것이다. 서로의 관계는 조금씩 냉전기에 돌입하다가 결국 오래가지 못할지도 모른다.

궁합은 최악. 눈앞에 닥쳐온 이별을 준비하자

애석하게도 둘의 궁합은 최악이다. 서로 이해할 수 없다고 느낀 적이 많고 불편하지 않은지? 서로 다른 점에 끌려서 사귀기 시작했을지도 모르지만 둘의 관계는 결혼에 골인하기에는 무리가 있는 듯하다.

> 남녀간의 궁합은 가치관이 같고 지금까지 살아온 환경과 문화가 비슷할수록 좋은 결과가 나온다. '천생연분 궁합'이란 결혼 상대를 맞이하는 데 기준이 되는 궁합이다. 한때를 즐기기 위한 연애라면 궁합은 그다지 중요하지 않으며, 낮은 점수의 궁합이 오히려 서로를 매력적으로 끌어들이는 요소가 될 수 있다.

Test 32

도둑맞은 보물

세계 최고 보물전시회에 귀중한 보물이 전시되어 있다. 이 사실을 알고서 도둑이 되어 보물을 훔치러 갔다. 훔치려고 한 보물은 다음 보기 중 무엇인가?

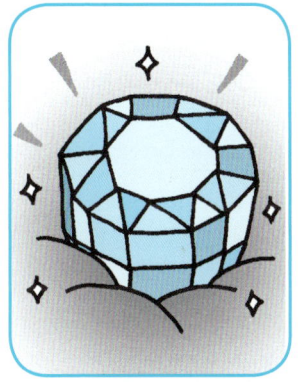
Ⓐ 200캐럿짜리 다이아몬드

Ⓑ 사원에 안치되어 있던 불상

Ⓒ 유명한 화가가 그린 그림

Ⓓ 고대 유적지에서 발굴된 귀중한 고문서

Test 32 진단 결과

이 테스트를 통해 실연을 얼마나 잘 극복하는지를 파악할 수 있다.
선택한 보물은 자신이 마음속으로 중요하게 생각하고 있는 것을 상징한다. 따라서 이런 마음 자세는 실연했을 때의 대처 방법에 큰 영향을 준다.

A 금방 회복하여 더 좋은 사람을 찾아본다

다이아몬드는 '가치'를 상징한다. '나는 가치 있는 사람이야.' 하고 생각하며 스스로에 대한 자긍심이 대단한 사람이다. 실연의 아픔을 극복하는 데 걸리는 시간은 매우 짧으며, 헤어진 사람이 자신을 선택하지 않은 것은 큰 실수라고 생각한다. 과거의 사람보다 더 훌륭하고 더 멋진 사람을 찾아 더 완벽한 연애를 준비한다.

B 상대를 미워하지도 원망하지도 않고 관계가 회복되기를 기다린다

불상은 '내면의 평화'를 상징한다. 헤어진 후에도 상대를 원망하지 않고 마음속 한구석의 끈을 잡고 관계가 회복되기를 기다린다. 어쩌면 자신에게 다시 돌아올지도 모른다는 작은 희망을 가지고 끊임없이 기다린다. 그렇게 기다린 지 10년, 그 사람을 생각하며 감상에 젖어들곤 한다.

실연의 아픔 때문에 폐인이 되다시피하지만 극복한 다음 과거의 사랑을 아름답게 포장한다

유화는 '격한 감정'을 상징한다. 실연한 뒤에는 슬픔과 상실의 나락으로 빠져들고 절망 속에서 하루하루를 보낸다. 홀로 남은 스스로를 연민하고 슬퍼하면서 외로이 감상에 젖는다. 그러다 맺어지지 않은 인연을 미화해 아름다운 사랑의 추억으로 승화시킨 다음 새로운 삶을 살아간다.

포기하지 않고 상대에게 집착하여 스토커가 될 수도 있다

고문서는 '과거에 대한 집착'을 상징한다. 그래서 자신을 버린 상대를 원망하고 미워한다. 그러면서도 상대에 대한 집착을 버리지 못한다. 상대에게 편지와 메일을 계속 보내고 스토커처럼 행동하기도 한다.

Test 33

이 지하철을 타면 운명이 바뀔까?

지하철이 막 출발하려고 할 때 혼신의 힘을 다해 지하철로 달려드는 여자가 있다. 이 지하철을 놓치면 한참 동안 다음 열차를 기다려야 한다. 이 열차에 타느냐 못 타느냐에 따라 여자의 운명은 어떻게 바뀔까?

A 이 열차를 탈 수 있다면 여자는 행복해질 수 있다.

B 이 열차를 타지 못한 것이 오히려 여자에게 더 잘된 일이다.

C 어떻게 되어도 여자의 운명에 큰 변화는 없을 것이다.

Test 33 진단 결과

이 테스트를 통해 자신이 얼마나 결혼하고 싶어하는지를 파악할 수 있다.
열차에 뛰어든 여자의 운명을 어떻게 생각하느냐에 따라 자신이
얼마나 결혼하고 싶어하는지를 알 수 있다.

'가능한 빨리 결혼한 여자가 행복하다'고 생각한다

빨리 결혼하고 싶은 사람으로 결혼은 할 수 있을 때 빨리 하는 것이 좋다고 생각한다. 그래서 언제나 웨딩드레스와 결혼식에 대한 환상을 가지고 있으며, 빨리 좋은 사람 만나서 결혼하고 싶은 마음으로 가득하다. 결혼하면 여자는 가정을 지키면서 남편을 내조해야 마땅하다고 생각하며 홈드라마에서 볼 수 있는 화목한 결혼생활을 꿈꾼다.

'언젠가는 하고 싶지만 아직 먼 이야기'라고 생각한다

결혼은 하고 싶지만, 좀더 편한 독신생활을 즐기고 나서 하고 싶다고 생각한다. 혹은 지금 사귀는 사람이 성에 차지 않거나 결혼하고 싶을 만큼 좋아하는 사람을 아직 못 만났다고 생각할 수도 있다. 지금 바로 결혼하면 일과 친구 관계에서 제약을 받을지도 모른다고 생각한다.

'결혼이 여자의 행복을 좌우하지는 않는다.'고 생각한다

선택한 사람

결혼생활에 그다지 큰 환상을 가지고 있지 않다. 결혼하면 반드시 행복해질 수 있다고 생각지도 않지만, 그렇다고 평생 독신으로 살아갈 것이라고 장담하지도 않는 사람. 아마도 지금 하고 싶은 일이 많고 아직은 결혼을 생각할 여유가 없는 사람일지도 모른다. 최근에 자기 삶을 돌아보고 회의를 느꼈거나, 뒤늦게 새로운 일에 도전해보려고 계획을 세운 적은 없는지?

Test 34

길 안내를 어떤 동물에게 부탁할까?

숲 속에서 길을 잃었다. 길 안내를 부탁해야 하는데 여러 동물과 마주쳤다. 다음 그림에 나타난 동물 중에서 어떤 동물에게 길 안내를 부탁할까?

Test 34 진단 결과

이 테스트를 통해 이상적으로 생각하는 결혼생활을 파악할 수 있다.

가정에 얽매이는 건 딱 질색! 독신 감각을 유지하고 싶어

결혼해도 가정생활에 얽매이지 않고 휴일을 즐기고 친구들을 만날 수 있는 결혼생활을 꿈꾼다. 결혼해서도 이성 친구들과 어울려 놀 수 있는 자유로운 결혼생활을 추구한다.

서로 간섭하지 않고 사생활을 존중해주는 결혼생활을 꿈꾼다

결혼해서도 사생활을 보장받길 원하며, 하고 싶은 일과 취미 생활을 계속 유지할 수 있기를 희망한다. 배우자와는 철저하게 사생활에 간섭하지 않기로 하지만, 기념일과 특별한 날만큼은 서로를 위해 시간을 내어 로맨틱한 한때를 즐기고 싶어한다.

C 좋은 아내, 좋은 남편이 되어 안정된 가정을 꾸려가고 싶다

선택한 사람

가족의 행복을 가장 중요하게 생각하며, 아내는 아내로서 남편은 남편으로서 최선을 다해 가정을 위해 노력해야 한다고 생각한다. 더불어 경제적으로 풍족하고 웃음이 넘치는 화목한 가정을 꿈꾼다.

D 편안하게 여유로운 생활을 즐길 수 있는 가정을 꿈꾼다

선택한 사람

집에서 편안하게 결혼생활을 즐기길 원한다. 집에 있을 때는 최대한 편안한 옷차림으로 쉴 수 있는 환경을 만들고자 하며 결혼생활도 안락하길 원한다.

Test 35

어떤 아이스크림을 먹을까?

네 종류의 아이스크림이 있다. 다음 중 어떤 아이스크림을 선택할 것인가? 먹고 싶은 아이스크림을 골라보자.

A 딸기, 바닐라, 초콜릿이 담긴 삼색 아이스크림

B 부드러운 바닐라 소프트 아이스크림

C 건포도와 초콜릿칩이 들어 있는 아이스크림

D 오렌지나 레몬 맛의 샤베트

Test 35 진단 결과

어떤 아이스크림을 선택했는지에 따라 지금 연애 방식에 대한 서로의 생각을 알아볼 수 있다.
이 테스트를 통해 지금 연인이 서로의 연애에 대해 어떻게 생각하고 있는지를 알 수 있다.

선택한 사람

A 바람기가 많은 사람. 서로의 관계에 100% 충실하지 않다!

이것저것 욕심이 많은 바람둥이 유형이다. 지금 사귀고 있는 사람에게 100% 충실하다고 말할 수 없는 사람으로, 더 좋은 사람을 만나고 싶다는 생각에 언제나 주변을 살피는 사람이다.

선택한 사람

B 사귄다면 진지하게! 이대로 지속된다면 결혼까지도!

지금 관계를 진지하게 생각하고 있다. 사귄다면 책임감 있게 서로의 관계에 최선을 다하는 유형이다. 잘되면 결혼도 생각할 수 있는 관계로, 언젠가 부모님과 친구들에게 정식으로 소개하려고 마음 준비를 하고 있을지도 모른다.

사랑과 연애보다는 야한 관계를 원해!

상대와 화끈한 육체적 관계를 갖기를 갈망하고 있다. 즉 상대의 섹시한 면에 이끌려 사귀기 시작한 것이므로 목적을 달성하고자 한다.

끈적끈적한 관계는 싫어!

아직 둘만의 사랑을 속삭이는 로맨틱한 분위기에 적응하지 못하는 유형. 친구처럼 친한 관계를 원하며 작별인사도 깔끔하게 '안녕'이라는 말 한마디로 끝내길 원한다. 진한 스킨십은 아직은 금물.

> 어떤 맛을 좋아하느냐는 속궁합을 판단할 때도 좋은 기준이 된다. 서로 진한 맛을 좋아한다면 뜨겁고 격렬한 관계를 즐길 수 있다. 둘 다 담백한 맛을 좋아한다면 깔끔한 관계만으로도 충분히 사랑을 나눌 수 있다.

Test 36

그에게 자동차란?
그녀에게 가방이란?

〈남성 쪽 질문〉
자동차는 나에게 어떤 물건인가? 그리고 어떤 자동차를 갖고 싶은가?
자유롭게 대답해보자.

〈여성 쪽 질문〉
가방은 나에게 어떤 물건인가? 또 어떤 가방을 갖고 싶은가? 자유롭게 대답해보자.

Test 36 진단 결과

이 테스트를 통해 남자친구와 여자친구의 솔직한 이상형을 서로 알아볼 수 있다.

남자에게 자동차, 여자에게 가방은 '사귀고 싶은 사람'을 의미한다. 각각 어떤 자동차와 가방을 원하는가에 따라 어떤 사람과 사귀고 싶은지 솔직한 이상형을 파악해볼 수 있다.

대답 예

자동차

- **새 차가 아니면 안 돼! 중고차는 절대 사절!**

과거가 복잡한 여자와는 절대 사귈 수 없는 유형. 사귄다면 자신이 첫 남자이길 원한다. 친구의 옛 여자친구였다면 더더욱 사절이다.

- **한번쯤은 외제차를 타보고 싶다**

많은 남자들이 꿈꾸는 유명 외국 브랜드의 고급 세단. 한번쯤은 외국 여성과 사귀어볼 만하다고 생각하는 남자들이 의외로 많을지 모른다.

- **자동차는 갖고 싶지만 아직 경제적 능력이 부족하므로 나중에 생각해 보겠다**

'연애=돈이 든다.'고 생각하는 남자. 이런 유형은 스스로에게 자신이 없거나, 연애를 할 때는 당연히 남자가 돈을 내고 주도권을 잡아야 한다고 생각하는 사람이 많다.

가방

- **그래도 명품이 최고지!**

학력, 수입, 직업, 외모. 모든 면에서 완벽한 남자를 찾는 여성. 그런 남자를 사귄다면 자신의 가치도 올라갈 것이라고 믿고 있다.

- **지금은 싼 가방으로 만족해야 하지만, 능력이 되면 꼭 비싼 가방 하나 마련해야지!**

쉽게 만날 수 있는 곳에서 남자를 만나 대충 사귀고 있지는 않은지? 그렇게 사귀고 있으면서도 언젠가 더 좋은 남자를 만날 거라는 기대를 하고 있을 수도 있다.

- **어떤 옷차림에도 어울리는 실용적인 가방이 좋아!**

언제나 함께할 수 있고 기댈 수 있는 남자를 원하고 있다.

상대가 나를 좋아하게 하는 기술

이성의 관심을 끄는 데는 시선을 어떻게 움직이느냐가 관건이다. 눈을 계속 마주치면서 호기심을 자극하는 것도 좋은 방법이다. 창피한 마음에 눈을 아래로 내리깔거나 얼굴을 숙이고 있으면 상대가 나를 볼 수가 없다. 그러나 너무 오래 바라보고 있으면 이상한 사람으로 오해받을 수도 있으므로 주의하자.

상대가 나를 좋아하게 만들려면 '단순 접촉의 원리'를 응용해보자. 심리학의 한 실험 결과 사람들은 자주 보는 사람에게 호감을 느낀다고 한다. 길에서 자주 마주치거나 같은 가게에서 비슷한 시간에 자주 만나거나 하면서 "또 만났군요!" 하고 친하게 이야기를 꺼낼 수 있을 때가 절호의 찬스!

상대의 이메일 주소를 알고 있다면 용기를 내서 메일을 보내는 것도 좋은 방법이다. 메일 내용은 상대가 잘하는 분야에 대해 알고 싶다면서 가르쳐달라고 부탁하는 등 부담스럽지 않을 정도의 간단한 내용이 좋다. 만약 상대가 당신을 아주 싫어하지 않는다면 답장이 올 것이다.

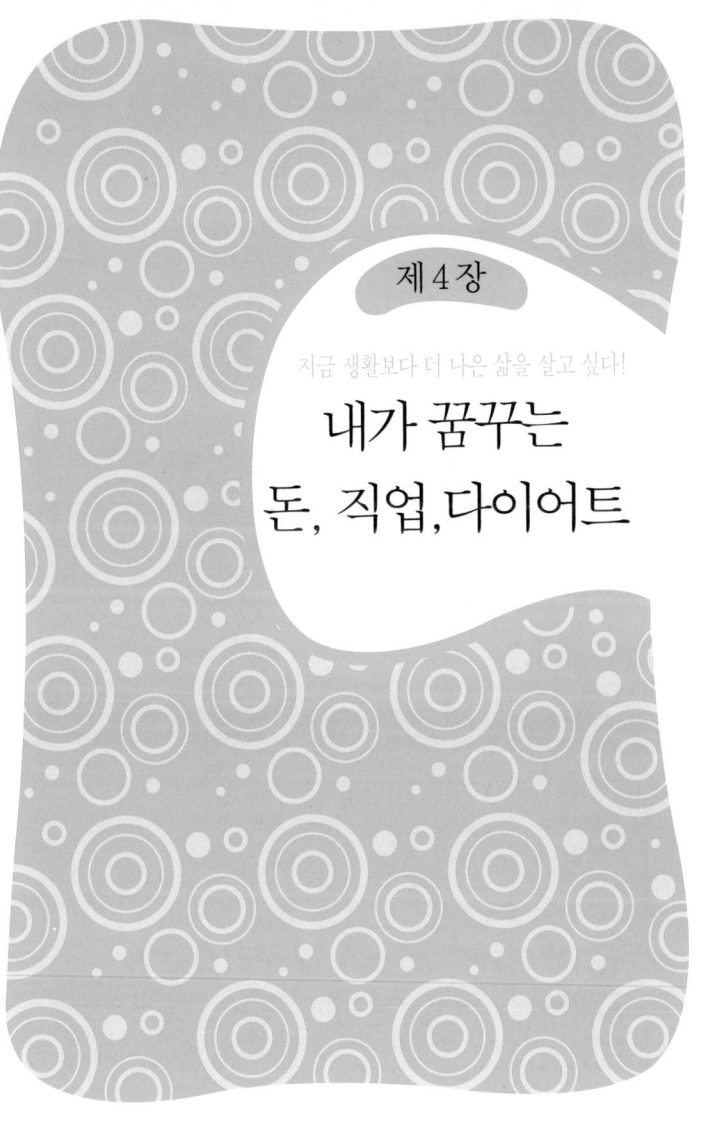

제4장

지금 생활보다 더 나은 삶을 살고 싶다!

내가 꿈꾸는 돈, 직업, 다이어트

"슈퍼모델이 되고 싶어!"

Test 37

내가 앉고 싶은 의자는?

내가 앉고 싶은 의자는 어떤 의자? 하나를 선택하시오.

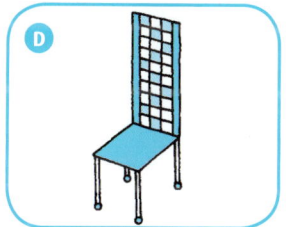

Test 37 진단 결과

이 테스트를 통해 일에 대한 가치관을 알아볼 수 있다.
앉고 싶은 의자는 자신이 일에 대해 어떤 생각을 가지고 있는지, 그리고 사회에서 얻고자 하는 것은 무엇인지를 알 수 있다.

독립심이 강한 유형

다른 사람 위에 서서 사람들을 통솔할 수 있는 일이 어울린다. 큰 회사와 조직의 일원으로 시키는 일만 하는 것보다는 독립적으로 스스로의 인생을 개척해나가려는 의지가 강한 유형이다. 또 자금이 있으면 뭐든 할 수 있다고 생각하고 있으므로 은연중에 돈에 가장 큰 가치를 두고 있기도 하다.

일은 생활비를 버는 수단이라고 생각하는 유형!

돈이나 생활을 위해 일하고 싶어하지 않는다. 사실은 일하지 않고 자신의 취미와 인생을 즐기기 위해 돈과 시간을 쓰고 싶은 사람이다. 그러나 현실적으로 불가능한 일이므로 먹고 살기 위해 돈을 벌고 있을 뿐이다.

일로 인정받고 싶어! 일중독 유형

자신의 분야에서 성공하고 싶은 사람. 자신의 능력과 실적을 인정받기 위해서라면 뭐든지 할 수 있다는 각오가 되어 있는 사람이다. 지위, 명예 등에 집착하는 경향을 보이기도 한다. 일중독증에 걸리기 쉬운 유형이기도 하다.

안정된 직장에서 안정된 삶을 추구하는 유형

꾸준히 일할 수 있는 직장을 원한다. 자격증과 학위 등을 따는 데 최선을 다하면서, 조금씩 자신의 능력을 인정받을 수 있는 일에 매진하는 유형이다. 그다지 화려한 성공 신화는 이룰 수 없을 테지만 안정적으로 성공할 수 있는 사람이다.

일도 즐기면서 재미있게 하려는 유형

일보다는 즐거운 인생을 추구하는 유형이다. 어차피 해야 하는 일이라면 즐거운 마음으로 재미있게 할 수 있는 일을 원한다. 한 가지 일에 집착하기보다는 더 재미있고 흥미진진한 일을 찾아 이런저런 경험을 찾아다니는 사람이다.

Test 38

동전 세 개를 골라라

500원, 100원, 50원, 10원, 1원짜리 동전이 하나씩 있다. 동전을 가지고 간단한 게임을 하려고 한다. 먼저 그림 속에 있는 동전을 보고 눈에 들어오는 동전 세 개를 골라보자.

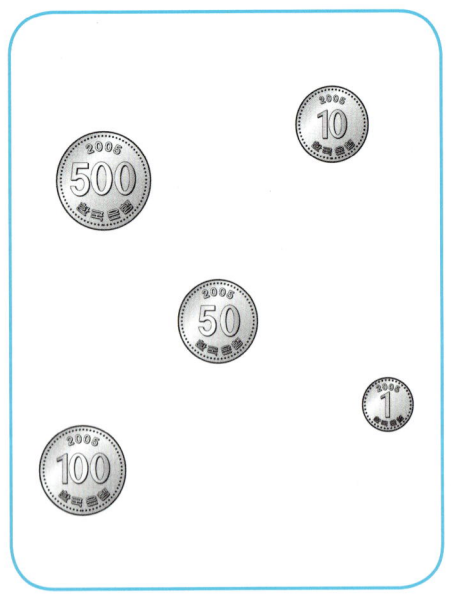

A 내가 고른 동전에는 500원짜리와 100원짜리 동전이 있다.

B 내가 고른 동전에는 100원짜리는 있지만 500원짜리는 없다.

C 내가 고른 동전에는 500원짜리는 있지만 100원짜리는 없다.

D 내가 고른 동전에는 500원짜리도 100원짜리도 없다.

Test 38 진단 결과

동전을 고른 방식을 통해 자신의 야망이 얼마나 큰지를 가늠할 수 있다.

A 꼭 이기고 싶다! 야망이 매우 큰 사람

누구에게도 뒤지지 않을 만큼 대단히 큰 야망을 갖고 있는 사람이다. "모난 돌이 정 맞는다"는 속담이 있지만 '모난 돌이 너무 크면 정을 맞지 않는다.'는 신념을 가지고 있다. 자기 능력을 최대한 발휘하여 원하는 만큼의 지위와 명예, 권력을 성취하고자 한다.

B 지위가 높아질수록 따라오는 위험성을 감안해서 큰 야망을 품지 않는 사람

지위가 높아질수록 감수해야 하는 위험에 대한 부담감을 크게 느끼는 유형이다. 따라서 언제나 다른 사람의 능력과 수위를 조절해가면서 자신의 성공을 추구한다. "모난 돌이 정 맞는다"는 말에 확신하는 사람으로 능력이 있으면서도 그 능력을 감추려는 모습을 볼 수 있다. 그러나 '선생님' 소리를 듣는 것은 매우 좋아한다.

C 지위와 명예보다는 독자적인 길을 걷고 싶은 기인

한 분야에서 특출난 기량을 뽐내는 '달인'이다. 자기의 특기를 마음껏 살리고 그 분야에서 최고가 되기를 원하지만 치열한 경쟁과 명예, 지위 등에는 관심이 없다. 주변 사람들이 뭐라고 말하든 전혀 상관하지 않고 자기가 원하는 일을 마음껏 추구하는 유형이다.

D 다른 사람과의 경쟁을 피하여 조용히 살고 싶은 유형

인생의 경쟁에서 이기는 데 관심이 없는 사람이다. 다른 사람들과의 경쟁은 최대한 피하고 싶기 때문에 자신의 능력을 발휘할 기회가 와도 도전하지 않는 일이 많다. 이렇게 욕심이 너무 없어 탈이지만 자신의 숨겨진 능력을 발견해주는 친구들 덕분에 세상 밖으로 나오는 경우도 있다.

Test 39

꽃병을 깨뜨린 범인으로 몰린다면?

미술관 관람을 하던 중 전시된 고가의 도자기가 내 앞에서 깨져버렸다. 너무나 큰 소리로 깨지는 바람에 모든 사람들의 이목이 집중됐는데 억울하게도 내가 범인인 양 쳐다보는 분위기이다. 당황해서 같이 온 친구에게 뭐라고 말을 했는데 과연 뭐라고 했을까?

A "어떻게 하지? 나더러 물어내라고 할지도 몰라."

B "나는 아무 잘못 없어."

C "이렇게 허술하게 올려놓은 미술관 책임이야."

Test 39 진단 결과

이 테스트를 통해 자신의 일처리 스타일을 알 수 있다.

선택한 사람

시간이 걸리더라도 100%를 추구하는 완벽주의자

해야 할 일은 완벽하게 해내는 사람. 한번 시작한 일은 끝까지 꼼꼼하게 처리하고 아주 사소한 실수도 용납하지 않는 치밀함을 보인다. 결과보다는 과정을 중시하는 유형이므로 일을 끝내는 데 시간이 많이 걸린다.

선택한 사람

실행단계까지 시간이 걸리는 용의주도형

어떤 일을 시작하든 생각하고 준비하는 시간이 길고 쉽게 결단을 내리지 못하는 유형. 그러나 일단 시작하면 깊이 생각하고 실행에 옮기기 때문에 창의적인 성과를 거둬서 성공하는 경우가 많다.

선택한 사람

생각보다는 행동이 먼저인 행동파

기왕 할 일이라면 빨리 시작해서 끝내야 한다고 생각하는 유형으로 일의 효율성을 높일 수 있다. 우선 시작하고 보자는 자세로 일을 처리하기 때문에 과정보다는 결과를 중시한다. 따라서 일처리에 실수할 때가 있다.

Test 40

나에게 가장 어울리는 직업은?

Q1부터 시작해서 '예', '아니오'에 따라 다음 문제로 이동해보자.

START

Q1
친구들과는 이름보다 주로 별명을 부르는 편이다.
예 ⇨ Q5 로
아니오 ⇨ Q2 로

Q2
어릴 적 연예인을 동경하면서 언젠가 반드시 연예인이 되겠다는 꿈을 키워본 적이 있다.
예 ⇨ Q3 으로
아니오 ⇨ Q6 으로

Q3
옷 갈아입는 것이 귀찮아서 슈퍼마켓에 가는 정도라면 집에서 입고 있던 실내복 차림으로 간다.
예 ⇨ Q8 로
아니오 ⇨ Q9 로

Q4
누군가 멋진 옷을 입고 있으면 바로 "옷 참 좋아요!" 하고 직접 말해준다.
예 ⇨ Q12 로
아니오 ⇨ Q9 로

Q5
사람 만나는 것을 좋아해 자주 친구를 불러내서 간단하게 차 한잔 마시면서 이야기를 나눈다.
예 ⇨ Q4 로
아니오 ⇨ Q3 으로

Q6
커튼, 쿠션, 조명기구 등 인테리어에 관심이 많다.
예 ⇨ Q8 로
아니오 ⇨ Q7 로

Test 40

Q7
아무리 심심하고 할 일이 없어도 머리 아픈 퍼즐 맞추기는 하고 싶지 않다.

예 ⇨ Q13 으로
아니오 ⇨ Q10 으로

Q8
손끝이 야무지고 물건 만드는 일을 좋아한다.

예 ⇨ Q11 로
아니오 ⇨ Q7 로

Q9
인맥을 만들고 교우 관계를 넓힐 목적으로 모임에는 빠지지 않고 나간다.

예 ⇨ Q12 로
아니오 ⇨ Q11 로

Q10
컴퓨터와 휴대폰을 새로 사도 사용 설명서는 절대로 읽지 않는다.

예 ⇨ Q16 으로
아니오 ⇨ Q19 로

Q11
결코 상대를 깎아내리지 않고 거짓말이라도 칭찬을 한다.

예 ⇨ Q14 로
아니오 ⇨ Q10 으로

Q12
이웃과 안면 있는 사람들에게 내가 먼저 웃으면서 인사를 건네는 편이다.

예 ⇨ Q15 로
아니오 ⇨ Q14 로

Q13
하루 종일 아무것도 하지 않고 멍청하게 시간을 보내더라도 아무렇지도 않다.

예 ⇨ Q16 으로
아니오 ⇨ Q20 으로

Q14
단골가게가 있으며, 가게 점원과도 친하다.

예 ⇨ Q17 로
아니오 ⇨ Q19 로

Q15
실패 경험담을 웃으면서 얘기할 수 있다.

예 ⇨ Q17 로
아니오 ⇨ Q22 로

Q16
자료집과 종이 가방은 언젠가 쓸 일이 있다고 생각하고 꼭 모아둔다.

예 ⇨ Q18 로
아니오 ⇨ Q20 으로

Q17
과자와 패스트푸드에 붙어 있는 작은 장난감을 모으는 게 취미이다.

예 ⇨ Q21 로
아니오 ⇨ Q22 로

Q18
로맨스나 마음이 따뜻해지는 이야기보다는 무서운 이야기를 더 좋아한다.

예 ⇨ C 타입
아니오 ⇨ B 타입

Q19
둘 중에 하나를 고르라고 하면 둘 다 괜찮다고 대답하는 편이다.

예 ⇨ Q18 로
아니오 ⇨ Q21 로

Q20
근처에서 싸우는 소리가 나면 무슨 일인지 너무 궁금해서 꼭 구경하러 간다.

예 ⇨ A 타입
아니오 ⇨ B 타입

Q21
한 가지 일만 하면 금방 싫증이 나기 때문에 몇 가지 일을 동시에 하는 것을 좋아한다.

예 ⇨ D 타입
아니오 ⇨ C 타입

Q22
고급스러운 브랜드를 소개하는 여성잡지와 메이크업, 패션 관련 잡지를 자주 보는 편이다.

예 ⇨ E 타입
아니오 ⇨ D 타입

Test 40 진단 결과

이 테스트에서는 자신의 능력을 최대한 발휘할 수 있는 천직이 무엇인지를 알아볼 수 있다.

A 체력과 용기로 승부한다! 힘으로 승부하는 직업

생각이 복잡하지 않고 상황 판단이 빠른 당신은 체력과 용기로 무장된 사람. 따라서 체력과 용기를 활용하는 일에 어울린다.

예를 들면 운수업, 어업, 현장감독, 보디가드, 기자, 조각가 등.

B 조용히 시간을 보내는 직업이 안성맞춤!

소박하고 소탈한 당신은 조용히 시간을 보낼 수 있는 여유로운 직업이 어울린다.

예를 들면 애견 관련 사업, 농업, 원예업, 마사지, 안마, 요가 지도자 등.

자기 세계에 머무르면서 즐길 수 있는 직업

평범한 삶을 거부하고 자신의 세계를 즐기는 당신은 전문적이고 자유로운 직업이 어울린다.

예를 들면 프로그래머, 웹 디자인, 게임 개발자, 큐레이터 등.

체력과 용기로 승부한다! 힘으로 승부하는 직업

걸음걸이가 가볍고 사람과 만나는 일을 즐길 줄 아는 당신은 매일매일 변화무쌍한 생활을 보낼 수 있는 엔터테인먼트 관련 일을 하면 좋다.

예를 들면 파티 플래너, 놀이공원 매니저, 연예인 등.

세련되고 우아한 직업이 어울리는 사람

우아하고 아름다운 것을 좋아하는 당신은 언제나 자신을 가꾸고 다른 사람에게도 도움이 되길 원한다. 자신의 이미지를 관리하는 만큼 다른 사람의 이미지까지 관리해주는 직업과 어울린다.

예를 들면 헤어 디자이너, 피부 관리사, 보석 관련 직업, 명품관 매니저 등.

Test 41

친구가 사고를 당해 병원에 입원했다면?

이른 아침에 문자 메시지가 도착했다. "○○가 크게 다쳐서 지금 응급실에 있음!"이라는 메시지였다. ○○는 가장 가까운 친구 중 한 명으로 어제 저녁 늦게까지 같이 있었다. 메시지를 받자마자 취할 행동은?

A '큰일났네, 다른 친구들에게도 빨리 알려야겠군.' 하고 생각하며 모두에게 메시지를 보낸다.

B '말도 안돼. 병원에 전화해서 확인해보자.' 하고 생각하며 우선 사실 확인에 나선다.

C '어제 저녁까지 멀쩡했으니까 아마 큰일은 아닐 거야.' 하며 우선 자신을 안심시킨다.

Test 41 진단 결과

이 테스트를 통해 위기 대처 방식을 파악할 수 있다.
친구가 급하게 응급실로 실려 갔다는 연락을 받은 후 취한 행동을 통해 평소에 위기를 수습하는 방식을 알아볼 수 있다. 또한 스트레스 해소방법도 알 수 있다.

A 주위에 알리고 소동을 만들어 기분전환하는 유형

선택한 사람

조금이라도 마음에 걸리는 일이 있으면 바로 해결해야 직성이 풀리는 사람이다. 또 조금이라도 문제가 생기면 주변 사람들에게 자신의 문제를 알려야 한다. 문제의 해결점을 찾을 수 없을지라도 말하는 동안에 기분이 좋아져서 스스로 문제해결 방법을 찾기도 한다.

스트레스 해소 방법 친구와 수다를 떠는 방법이 가장 좋다. 스트레스가 쌓이면 자신의 말에 귀 기울여주는 좋은 친구를 만나는 것이 좋다.

B 냉정하게 상황을 판단하고 합리적으로 문제해결 방법을 모색하려는 유형

선택한 사람

웬만한 일에는 동요하지 않고 냉정하게 대처할 줄 아는 사람이다. 문제가 생기면 우선 '문제를 해결할 수 있는 방법은 무엇인가?'를 고민하고 합리적인 대처방안을 생각한다.
스트레스 해소 방법 평상시 감정을 억제하는 유형이기 때문에 뭐든 숨 돌릴 방법을 찾는 것이 중요하다. 식물원, 수목원 같은 곳이나, 산과 들로 여행을 떠나 조용히 시간을 보내는 여유를 갖는 방법이 좋다.

선택한 사람

'어떻게 되겠지.' 하며 문제를 방치해서 주변 사람들을 힘들게 하는 유형

어떤 문제가 발생하더라도 '어떻게 되겠지.'라는 낙천적인 자세로 일관하는 사람이다. 매우 긍정적인 유형이라고 할 수 있다. 하지만 때로 큰 문제가 생겨도 '괜찮을 거야.' 하며 스스로를 안심시키고 문제를 방치했다가 수습할 수 없을 만큼 문제가 커지기도 해서 주변 사람들을 힘들게 한다.
스트레스 해소 방법 스트레스가 쌓여도 자각하지 못하는 유형이므로 스트레스가 몸으로 표출되는 경우가 많다. 건강한 삶을 위해 애완동물을 기르는 등 즐거운 취미를 갖는 것도 좋다.

Test 42

추격자로부터 도망쳐라!

따뜻한 남쪽나라에서 휴양을 즐기고 있던 중 갑자기 영문도 모른 채 마피아의 추격을 받게 되었다. 무사히 살아남기 위해서는 1~9까지 각 장면에서 A 혹은 B 중 한 가지 행동을 선택해야 한다. 어떤 선택을 할 것인가?

장면 1
호텔 방을 탈출할 때 가져가야 할 무기는 다음 중 무엇인가?

A 칼
B 권총

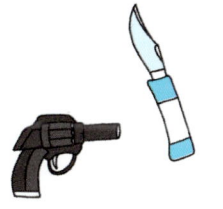

장면 2
밀림으로 도망치기로 했다. 길은 두 가지가 있다. 돌아가는 길이지만 평탄한 길(지름길보다 시간이 네 배 더 걸림)과 급경사에 위험하지만 빨리 갈 수 있는 길. 어떤 길을 선택할 것인가?

A 평탄한 길
B 급경사의 지름길

장면 3
밀림 입구에 이르자 한 꼬마가 양과 늑대를 데리고 서 있었다. 그 꼬마는 "두 마리 중 한 마리를 사주면 당신을 봤다는 말을 마피아에게 전하지 않겠어요." 하고 말했다. 이 두 마리 중 어떤 것을 선택할 것인가?

A 양   B 늑대

Test 42

장면 4
밀림 속을 걷고 있는데 이번에는 한 노인과 만났다. 노인은 "나와 함께 식사를 하지 않으면 여기를 벗어날 수 없네. 고기와 감자 중 어느 것을 더 좋아하는지 선택해보게." 하고 말했다. 무엇을 선택할 것인가?

A 감자   B 고기

장면 5
노인과 식사를 마친 후 밖으로 나오니 비가 오고 있었다. 추격자들에게서 멀리 도망치기 위해서 폭우 속에서 뛸 것인가, 아니면 빗발이 약해질 때까지 기다릴 것인가?

A 빗발이 약해질 때까지 기다린다.
B 흠뻑 젖더라도 도망친다.

장면 6
노인과 헤어진 후 얼마 되지 않아 추격자들과 마주치고 말았다. 먼저 추격자들을 봤는데 순간 어떤 행동을 취할 것인가?

A 밀림 속에 숨는다.
B 적을 먼저 공격해 무찌른다.

장면 7
추격자에게서 도망쳐 깊은 계곡에 도착했다. 계곡에는 긴 다리가 놓여 있었는데 다리는 두 종류이다. 어떤 다리를 건널 것인가?

A 흔들리는 다리
B 외나무다리

장면 8
결국 추격자들과 마주쳐 어깨에 총을 맞고 말았다. 겨우 목숨을 부지한 채 도망치고 있는데 앞에 두 명의 남자가 서 있다. "내가 도와주겠소. 우리 집에 같이 갑시다." 누구를 따라갈 것인가?

A 수도승
B 의사

장면 3
드디어 상처가 다 나아 안전한 장소라고 할 수 있는 마을에 가기로 했다. 어떤 마을에 갈 것인가?

A 눈이 내리는 산촌 마을
B 평화로운 어촌 마을

장면 1~9까지 A를 선택한 개수는?

A의 합계

개

제4장 내가 꿈꾸는 돈, 직업, 다이어트

Test 42 진단 결과

이 테스트에서는 인생을 살면서 고난과 역경에 부딪쳤을 때 어떻게 극복해내는지 알 수 있다.

역경을 이겨낼 능력이 탁월한 사람

강인하고 확고한 의지로 역경을 이겨내는 사람이다. 아무리 어려운 일이 있더라도 회복이 빠르고 최악의 상황에서도 다시 일어날 수 있는 힘이 있다. 그러나 역경을 딛고 일어서서 평화로운 일상으로 돌아가면 남아도는 에너지를 주체하지 못하고 결국 스스로 새로운 역경을 만들어내는 우를 범하기도 한다. 따라서 계속 또 다른 역경에 부딪히는 인생의 쳇바퀴에 걸려들지도 모른다.

역경 때문에 세상을 비관하는 사람

역경에 부딪히면 너무나 낙심하고 비관하는 사람이다. '왜 나만 이래야 하는가?' 하면서 신을 향해 욕을 퍼붓거나 운명을 비관하고 심각한 우울증에 빠지기도 한다. 때로는 자기보다 불행한 사람을 발견하고서 스스로를 위로하기도. 그러다가 상황이 변하면 '내 인생도 꽤 살만해.' 하며 금방 기분이 좋아지는 단순함을 보인다.

7 개 이상인 사람
역경을 역경이라고 생각하지 않고 자기의 길을 묵묵히 걸어가는 사람

역경을 역경이라고 생각하지 않는 사람이다. 운명을 믿지 않고 스스로의 인생을 개척해나가기 위해 노력한다. 평소에는 그다지 에너지를 사용하지 않지만 조금씩 노력해나가는 동안 다른 사람들보다 훨씬 확고한 의지력이 생기는 듯. 장기적인 안목으로 봤을 때 마음속 상처를 입지 않고 묵묵히 마지막까지 살아남는 유형.

> 이 테스트에서 장면 1~9까지의 선택사항 중 A는 장기적 안목으로 봤을 때 필요한 것, B는 그 자리에서 효과를 볼 수 있는 것이다. 따라서 A의 수가 적은 사람은 자극에 대해 즉각적으로 반응하고 바로 행동으로 옮기는 사람이다. 순발력이 있고 호전적이며 도전정신이 강한 사람이라고 할 수 있다.

Test 43

어떤 집에서 살고 싶은가?

자신이 꿈꾸는 집은 어떤 집인가?

 A 인적이 드문 산속의 통나무집

 B 잘 가꿔진 정원이 있는 고풍 가옥

 C 한적한 주택단지 안에서 가장 입지 조건이 좋은 서양식 주택

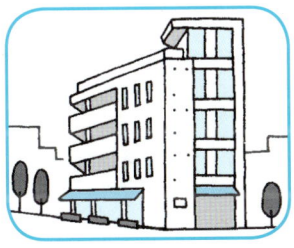 D 쇼핑과 엔터테인먼트를 즐길 수 있는 도심의 아파트

 E 전형적인 시골 농촌 가옥

 F 기능적이고 심플한 호텔식 아파트

Test 43 진단 결과

어떤 집에 살고 싶은지는 금전감각을 파악할 수 있는 척도이다. 현대인들이 꿈꾸는 마이홈은 그 사람의 경제관념, 생활력, 돈에 대한 생각과 씀씀이, 저축 방식 등과 관계 깊다.

A
선택한 사람

욕심 없이 소박하게 살고 싶은 사람

돈에 대한 욕심이 거의 없는 사람이다. 따라서 적은 수입에 만족하면서 자급자족할 수 있는 유형이다. 정말 필요한 것 외에는 돈을 쓰지 않고 사람들을 만나도 한턱을 내는 데 인색하다.

B
선택한 사람

개미같이 벌어서 모으는 사람

돈에 대해 건실한 사고를 하고 있는 사람이다. 돈은 정당하게 벌어서 좋은 곳에 써야 한다고 생각한다. 근면 성실하게 일하고 개미처럼 돈을 모으는 유형.

C
선택한 사람

돈 쓸 곳과 안 쓸 곳을 확실히 구분하는 사람람

계산이 정확하고 효율을 따져 돈을 쓸 줄 아는 사람이다. 돈 쓸 가치가 충분한 곳에는 아끼지 않지만 그 외의 지출은 엄격히 제한하며 가격 흥정도 잘한다.

낭비벽이 있는데도 유흥비는 항상 있는 사람

낭비벽이 심한 유형이다. 항상 갖고 싶은 것, 사고 싶은 것이 많아서 수입보다 지출이 크다. 그러나 신기하게도 놀기 위한 돈은 항상 여유롭게 준비되어 있는 사람이다.

돈에 관심이 없어 돈 벌려고 일하지 않는 사람

있다가도 없고 없다가도 있는 것이 돈이라고 생각하기 때문에 사치스럽고 풍요로운 생활을 꿈꾸지도 돈을 위해 열심히 일하지도 않는다. 그저 수입 범위 내에서 소비생활을 하는 유형이다.

있으면 있는 대로 다 써버리는 사람

있으면 있는 대로 몽땅 써버리는 사람이다. '하루 묵은 돈은 돈이 아니다.' 하고 생각하는 듯이 수중에 있는 돈을 아무 생각 없이 모두 써버린다. 따라서 수입은 있지만 언제나 가난하다.

Test 44

그녀의 공주 기질은?

이번에는 본인이 아니라 주변의 여자들을 테스트해보자. 친구와 직장 동료 등 생각나는 한 사람을 골라 다음 항목을 읽으면서 '딱 그녀의 이야기이다.'면 2점, '대략 비슷한 것 같다.'거나 '그저 그렇다.'면 1점, '전혀 아니다.'면 0점으로 판단하여 네모 칸 속에 써넣어 보자.

☐ 머리모양은 언제나 한 올 흐트러짐 없이 깔끔하게 정돈되어 있다.
☐ 몸에 지니고 있는 액세서리는 고급스러운 것이 많다.
☐ 어릴 적에 피아노, 미술, 영어회화 등 적어도 세 곳 이상 학원을 다녔던 것 같다.
☐ '우리 아빠는……'이라거나 '우리 친척 중에……'라면서 가족과 친척 이야기를 자주 한다.
☐ 식사가 끝나자마자 사람들을 의식하지 않고 거울을 보면서 화장을 고친다.
☐ 여자들끼리 이야기할 때와 남자가 끼어 있을 때의 태도와 말투가 다르다.
☐ 입으로는 웃음소리가 나지만 눈은 전혀 웃고 있지 않을 때가 많다.
☐ 자주 해외여행을 가며 면세점 세일을 이용해 명품을 싸게 사온다.
☐ 파티와 이벤트가 있을 때는 유명인사나 높은 사람들과 어울리기 위해 노력한다.

- [ ] 쇼윈도와 거울이 있는 곳에서는 언제나 자신의 모습을 비춰본다.
- [ ] 솔직히 말하면 향수냄새가 너무 지독하다.
- [ ] 자주 명문대학과 특목고 이야기를 하면서 주위 사람들의 출신 학교 운운하며 등급을 매긴다.
- [ ] 가난한 사람과 노숙자들에게 매우 냉정한 편이다.
- [ ] 소지품은 거의 명품인데 매우 인색하다.
- [ ] '내 생각에는…….' '난 말이야.' 하며 자기중심으로 이야기를 하는 편이며 사람 말을 귀담아들으려 하지 않는다.
- [ ] 점원과 웨이터 등 서비스하는 사람들을 마구 부리는 성향이 있다.
- [ ] 언제나 완벽한 메이크업을 한다. 화장을 지운 맨얼굴을 보인 적이 없다.
- [ ] 구두가 많아 여러 가지 구두를 매일 갈아 신는다.

합산 점수

점

Test 44 진단 결과

이 테스트를 통해 그 사람에게 얼마나 공주 기질이 있는지를 파악할 수 있다.

공주 기질 80%

다분히 공주 기질을 가지고 있는 사람. 스스로 '난 너무 매력적이야.' 하며 자신하는 사람으로 심한 나르시시즘에 빠져 있다. 그러나 객관적으로 판단했을 때 그저 잘난 척이 심해서 재수 없는 사람에 불과할지도. 가까이하기에 너무 먼 그녀.

공주 기질 60%

약간의 공주 기질이 있는 사람으로 스스로도 자신감에 차 있다. 따라서 "잘난 척하기는……."이라는 말을 들으면 앙심을 품고 있다가 공격해올 수도 있다.

공주 기질 20%

그다지 공주 기질이 없는 사람. 매우 정직한 편이며 친한 친구로 지내도 전혀 문제가 없는 유형.

Test 45

나만의 최고 다이어트 방법은?

Q1부터 시작해서 '예', '아니오'에 따라 다음 문제로 이동해보자.

START

Q1
저녁식사 때도 뱃속에 음식물을 가득 채운다.

예 ⇨ Q2 로
아니오 ⇨ Q3 으로

Q2
친구가 "먹을래?" 하고 물어보면 거절하지 못하고 꼭 먹는다.

예 ⇨ Q5 로
아니오 ⇨ Q6 으로

Q3
너무 피곤하면 식욕이 떨어져서 가끔 식사를 거른다.

예 ⇨ Q4 로
아니오 ⇨ Q6 으로

Q4
새벽까지 인터넷을 하고 TV를 보는 야행성이다.

예 ⇨ Q11 로
아니오 ⇨ Q8 로

Q5
스트레스가 쌓이면 가슴이 답답하고 심장이 빨리 뛰면서 숨이 차다.

예 ⇨ Q9 로
아니오 ⇨ Q10 으로

Q6
장미꽃이나 레몬향보다는 라벤더 같은 허브향이 좋다.

예 ⇨ Q9 로
아니오 ⇨ Q8 로

Test 45

Q7
달고 기름기가 많은 느끼한 음식을 좋아한다.

예 ⇨ Q15 로
아니오 ⇨ Q12 로

Q8
덮밥과 단품요리는 한 그릇을 다 먹지 못하고 남기는 편이다.

예 ⇨ Q13 으로
아니오 ⇨ Q7 로

Q9
체력이 좋은 편이라 무거운 짐을 옮기거나 힘든 일도 그리 어렵지 않다.

예 ⇨ Q14 로
아니오 ⇨ Q7 로

Q10
어린 시절 반장과 회장을 자주 하고, 부모님과 선생님의 말씀을 잘 듣는 아이였다.

예 ⇨ Q14 로
아니오 ⇨ Q17 로

Q11
선물을 준비했어도 상대방을 만나면 주저하면서 전하지 못하고 가져오는 경우가 있다.

예 ⇨ Q16 으로
아니오 ⇨ Q13 으로

Q12
세끼 식사시간은 규칙적으로 정해져 있다.

예 ⇨ Q20 으로
아니오 ⇨ Q19 로

Q13
친구와 지인들에게 근황을 알리기 위해 연하장과 크리스마스 카드를 보낸다.

예 ⇨ Q12 로
아니오 ⇨ Q16 으로

Q14
다른 사람을 배려해서 내가 하고 싶은 일이라도 참는 편이다.

예 ⇨ Q15 로
아니오 ⇨ Q17 로

Q15
안절부절 못하고 불안하면 구석구석 청소를 하고 정리하면서 기분전환을 하는 편이다.

예 ⇨ Q20 으로
아니오 ⇨ Q18 로

Q16 과자, 케이크를 집에서 만드는 취미가 있으며 완성품을 친구와 가족에게 주는 것을 좋아한다.

예 ⇨ Q19로
아니오 ⇨ D 타입

Q17 아무렇지도 않게 신호를 무시하고 불법주차를 하는 사람을 보면 따끔하게 한마디해주고 싶다.

예 ⇨ Q18로
아니오 ⇨ A 타입

Q18 쓰레기는 정확하게 분리수거를 해서 내놓는다.

예 ⇨ B 타입
아니오 ⇨ A 타입

Q19 기분에 따라 외출을 그만두거나 마음대로 약속을 깨버리기도 한다.

예 ⇨ D 타입
아니오 ⇨ C 타입

Q20 자신을 위해 돈을 쓰고 문화생활을 즐기는 편이다.

예 ⇨ C 타입
아니오 ⇨ B 타입

제4장 내가 꿈꾸는 돈, 직업, 다이어트

Test 45 진단 결과

어떤 방법으로도 빠지지 않는 살! 나에게 딱 맞는 다이어트 방법을 알아보자.
다이어트에 실패하는 원인은 사람에 따라 다르다. 다이어트는 사람의 성격에 따라 효과가 다르게 나타나기 때문. 이 테스트를 통해 자신에게 알맞은 다이어트 방법을 알아볼 수 있다.

칼로리 과잉 타입

먹은 만큼 움직인다는 각오를 다지면서 다이어트를 시작해보자. 체중을 줄이기 위해 노력하기보다는 근육 운동을 통해 곡선이 드러나고 탱탱한 몸매를 만드는 데 중점을 두어야 한다. 지금 실천하면 좋은 운동은 에어로빅, 근육 단련, 태권도, 격투기 등이다.

욕구 불만 타입

혹시 스트레스가 쌓일 대로 쌓여 있지는 않은지? 스트레스 해소를 위해 끊임없이 음식을 입속에 넣거나 술을 마시지는 않는지? 이런 유형은 단단해진 몸을 부드럽게 풀어주고 스트레스를 해소할 수 있는 요가와 기체조를 실천해보자. 밤 10시 이후에는 음식을 입에 대지 않도록 주의하자.

타입

남이 먹으면 나도 먹는 타입

여럿이 어울리면 분위기에 휩쓸려 과식을 하고, 혼자 있으면 외로움을 달래기 위해 달고 맛있는 음식을 끊임없이 먹는 유형이다. 이런 유형에게 적합한 다이어트 방법은 이미지 다이어트법. 가장 이상적인 자신의 모습을 상상하면서 꾸준히 운동을 하는 방법이 효과적이다. 특히 날씬해지면 입고 싶은 옷을 거울 앞에 걸어두고 그 옷을 보면서 운동을 하는 방법도 좋다.

타입

운동 부족 타입

불규칙한 생활과 운동 부족이 몸매를 망가뜨리고 다이어트에 실패하는 원인이 된다. 식사 대신 과자, 케이크 등을 먹으면서 허기를 달래고 있지는 않은지? 우선 규칙적인 식습관을 갖고 한식을 즐기도록 하며 잡곡밥에 된장찌개 등 칼로리는 낮고 영양가는 풍부한 식단을 즐기도록. 적합한 운동으로는 빨리 걷기, 수영, 자전거 타기 등이다.

좋은 인간관계를 맺는 다섯 가지 능력

우리를 평소에 괴롭히는 고민과 스트레스는 대부분 인간관계에서 오는 갈등에서 비롯한다. 인간관계만 괜찮다면 본인이 가지고 있는 능력과 재능을 최대한 발휘할 수 있으며 사회에도 큰 공헌을 하게 된다. 그럼 원만한 인간관계를 유지하기 위해서 갖춰야 할 능력은?

감정을 제어할 수 있는 능력 다른 사람이 한 말이나 사건에 따라 금방 감정적으로 대응하지 않고 냉정하게 상황을 판단하여 반응을 보이는 능력이다.
<u>스스로를 관찰할 수 있는 능력</u> 본인의 감정과 행동을 최대한 파악하고 분석하여 객관적인 판단을 내릴 수 있는 능력이다.
다른 사람을 부정하지 않고 받아들이는 능력 차별과 편견을 버리고 한 사람 한 사람을 하나의 인격체로 대우하면서 최대한 존중할 줄 아는 능력이다.
자신에게 너무 얽매이지 않고 양보할 줄 아는 능력
유머감각을 겸비

이 다섯 가지 능력은 우리가 행복한 인생을 살아가는 데 꼭 갖춰야 할 필수조건이다.

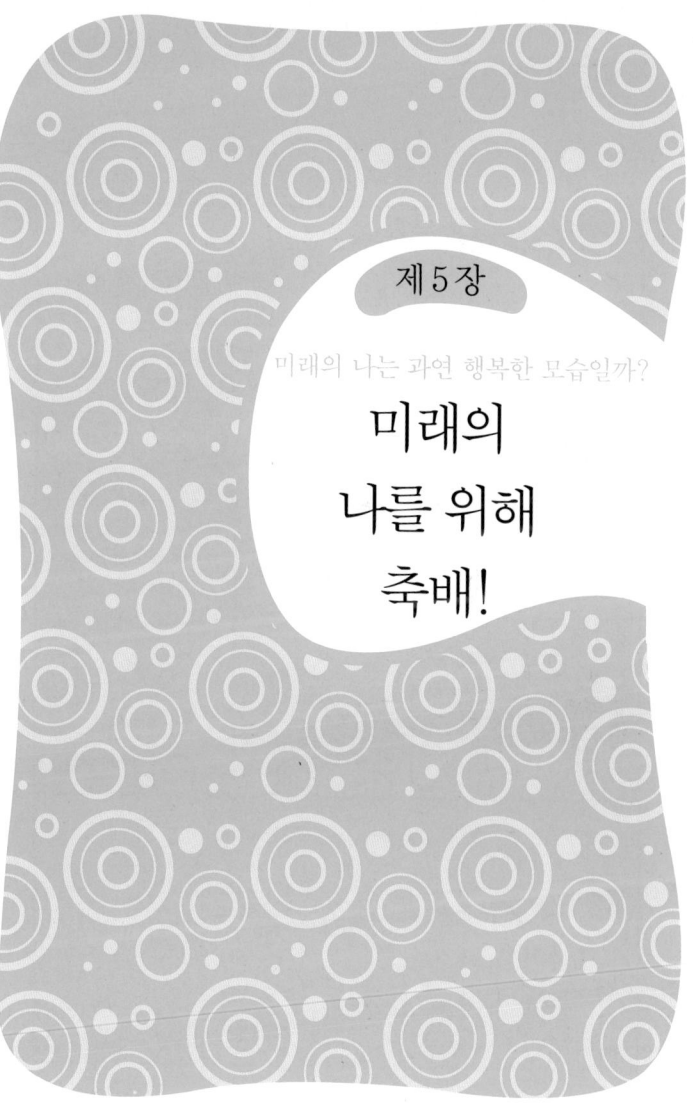

"장래가 불투명한 건 의미 없어!"

Test 46

아저씨 기질, 아줌마 기질은 어느 정도인가?

아래 항목 중에서 '딱 내 얘기'라고 생각되면 2점, '대충 맞는 것 같다.' 혹은 '그저 그렇다.'는 1점, '전혀 아니다.'는 0점으로 해서 네모 칸 속에 써넣어 보자.

PART 1

- ☐ TV에 나오는 신인 개그맨의 황당한 개그와 외모로만 승부하려는 신인 여자 연기자를 보면 화가 난다.
- ☐ 저녁식사 후에는 바지나 스커트 단추를 풀게 된다.
- ☐ 휴일에는 TV를 보면서 하루 종일 뒹굴어야 제 맛이라고 생각한다.
- ☐ 종업원들에게는 "빨리 가져와."라든지 "저것 좀 가져와." 같은 명령조로 말해도 괜찮다고 생각한다.
- ☐ 나보다 나이 어린 사람과 후배에게는 절대로 먼저 인사하지 않고 그들의 인사를 기다린다.
- ☐ 멜로 드라마와 판타지 영화는 시시하다.
- ☐ 컴퓨터, 휴대폰 등 최신기기의 기능은 조작하기 어렵다.

- [ ] 나보다 어린 사람에게 뭔가를 배워야 한다는 것은 자존심이 허락하지 않는다.
- [ ] 최근 정치인들의 타락상을 보면서 "말세야, 말세." 하며 혀를 차는 일이 종종 있다.
- [ ] "내 생각은 말이야." 하며 내 주장을 밀어붙이고 고집을 부리는 일이 많다.
- [ ] 곰곰이 생각해보면 마음을 터놓고 이야기할 친구는 한 명도 없다.
- [ ] 사람들 앞에 서면 이것만큼은 말해주고 싶다는 생각에 이야기가 길어지곤 한다.
- [ ] 가끔씩 "누굴 바보로 알아?" 하며 버럭 화를 내곤 한다.
- [ ] 정신 차려보면 "그런 일은 세상이 알아주지 않아!" 하며 상대에게 설교를 늘어놓는 자신을 발견하곤 한다.
- [ ] 훌륭한 사람 앞에 있으면 주눅이 들어서 머리를 조아리고 있는 경우가 많다.
- [ ] 이제 더 이상 인생을 바꿀 수 없다는 생각이 들면 정말 화가 난다.

합산 점수

점

Test 46

PART 2

- [ ] 평일 오전과 점심때 방송되는 TV 토크쇼를 자주 보는 편이다.
- [ ] 친구와 수다떠는 데 몰입해서 시간 가는 줄 모르다가 시계를 보고 깜짝 놀라는 때가 많다.
- [ ] 정치, 경제, 국제 문제보다는 아는 사람의 불륜과 소문, 연예인 가십 등에 관심이 더 많다.
- [ ] 집 청소와 정리정돈, 빨래 등 잡다한 집안일만으로 하루를 다 써버린다.
- [ ] 번화가와 사람이 많아 복잡한 곳에서는 다른 사람들을 아무렇지도 않게 툭툭 치고 다닌다.
- [ ] 젊은 여자 점원은 그저 그렇지만, 잘생기고 젊은 남자 점원은 귀엽다는 생각이 든다.
- [ ] 친구들 여럿과 함께 차를 마시면서 먼저 자리를 뜬 친구의 흉을 보곤 한다.
- [ ] 뷔페에 가면 욕심을 내서 무조건 많이 먹는다.
- [ ] 필요 없는 물건이라도 다른 사람을 주려고 마음을 먹으면 왠지 아깝다는 생각이 든다.
- [ ] 친구들 모임에 나가면 보통 화제가 살, 변비, 다이어트 등의 이야기로 집중된다.
- [ ] "욕심은 끝이 없는 거야."가 말버릇이다.
- [ ] 나이를 묻는 질문에 바로 대답하지 못하고 실제 나이보다 낮춰서 이야기한다.

- [ ] 가십에 정통하고 "아니 땐 굴뚝에 연기 날까!" 같은 속담처럼 가십을 밝혀내는 특기가 있다.
- [ ] 집에서는 편하게 고무줄 치마와 바지를 입고 있다.
- [ ] 백화점 쇼핑을 대단히 좋아하고, 특전이 있는 회원제 모임의 회원이다.
- [ ] 날씨가 궂으면 컨디션이 좋지 않은 날이 많아졌다.

합산 점수

점

Test 46 진단 결과

이 테스트는 나의 10년 후의 모습을 보여준다.

실제 나이가 어린데도 아저씨 혹은 아줌마 기질이 다분한 사람들이 많다. 반대로 중년이 훌쩍 넘었는데도 마음만은 20대인 사람들도 있다. 'part 1'은 아저씨 기질, 'part 2'는 아줌마 기질을 진단하는 항목이다. 또한 'part 1'과 'part 2'의 진단 결과를 토대로 10년 후 모습을 예측할 수 있다.

아저씨 기질

- 자기 경험에만 집착하고 새로운 것을 받아들이려 하지 않는다.
- 고정관념에 사로잡혀 융통성을 발휘할 줄 모른다.
- 스스로를 대단하다고 생각하며 다른 사람을 쉽게 업신여기곤 한다.

점 이상인 사람

아저씨 기질 90% 이상 (A타입)

이미 머리가 굳을 대로 굳어 있으며 자기만 알고 편견이 심하다. 다른 사람을 전혀 의식하지 않고 행동한 결과 주위 사람들에게 따돌림을 받을지도 모른다. 그런데도 스스로 매우 잘났다고 생각한다.

점인 사람

아저씨 기질 60%(B타입)

조금씩 아저씨 기질이 나타나기 시작한 유형. 이대로 가다가는 고집불통에 모두가 싫어하는 아저씨가 될지도 모른다. 항상 겸손한 자세를 유지하도록! 아직은 가능성이 있다.

점 이하인 사람

아저씨 기질 30%(C타입)

지금은 아저씨 기질이 거의 없지만 절대 안주해서는 안 된다. 융통성과 자기 억제능력이 떨어졌다 싶으면 아저씨가 되고 있다는 경계경보로 받아들일 것!

아줌마 기질

- 수치심이 없어지고 낯이 두꺼워진다.
- 주관적으로 사물을 판단하며 객관성을 완전히 상실한다.
- 질투심이 대단하고 자기 감정을 억제할 줄 모른다.

점 이상인 사람

아줌마 기질 90% 이상(X타입)

아줌마 기질이 심한 유형이다. 전혀 창피함을 모르는 사람처럼 행동하며 섹시함은 눈 씻고 찾아봐도 찾을 수가 없다. 그러면서도 이런 사람들은 "내가 좀 내성적이라서."라는 말을 자주한다.

Test 46 진단 결과

점인 사람

아줌마 기질 60%(Y타입)

아줌마 기질이 진행되고 있는 사람. 이대로 가다가는 지하철에서 무리하게 자리를 뺏거나 엉덩이를 들이밀고 좁은 자리에 앉는 등의 행동을 서슴지 않고 시도할 것이다. 미의식을 가지고 자신을 가꾸는 습관을 들이자.

점 이하인 사람

아줌마 기질 30%(Z타입)

지금은 아줌마 기질이 거의 보이지 않지만 마음을 놓아서는 절대로 안 된다. 아줌마 기질에 발동 걸리면 걷잡을 수 없기 때문이다. 사람 눈을 의식하지 않고 '상관없어!' 하고 생각하는 일이 많다면 아줌마 기질이 끝없이 성장하고 있다고 할 수 있다.

종합진단
10년 후

'PART 1'의 아저씨 기질 진단과 'PART 2'의 아줌마 기질 진단 결과를 곱해보자. 이렇게 합쳐진 모습이 10년 후 내 모습일 수 있다.

- 타입 (A×X), (A×Y), (B×X)인 사람

자신의 세계에 너무 심각하게 빠져 있는 사람인 듯. 완고하고 고집이 세다. 언제나 자기가 옳다고 생각하고 세상에서 가장 도덕적인 사람이라고 굳게 믿으며 자기만큼만 젊어보라고 큰소리를 친다. 젊은 사람에게 추파를 던지는 등 말도 약간 저질스러운 면이 있다. 잔소리를 좋아하고 야단치길 좋아한다.

• **타입 (A×Z), (B×Y), (C×X)인 사람**

나이에 걸맞게 늙어가고 있다. 그 나이 또래의 평범한 아줌마, 아저씨처럼 행동하고 말하고 생활한다. 젊음을 추구하고 있지만 자기보다 젊은 사람들을 보면 "요즘 젊은 것들은 말이야." 하며 잔소리를 하는 평범한 중년. 여기서 더 심한 아저씨, 아줌마가 되느냐, 혹은 더 젊어지느냐는 노력여하에 달려 있다.

• **타입 (C×Y), (B×Z), (C×Z)인 사람**

동년배보다 내면적인 젊음을 유지하고 있는 사람. 더 노력해서 유연한 사고와 풍부한 감성, 미적 감각을 키워보자. 물리적으로 해결할 수 없는 외모를 내면의 젊음으로 충분히 덮을 수 있다. 언제나 새로운 것에 도전하고 배우고 정진하는 자세만 있다면 결코 늙지 않고 젊게 평생을 살 수 있다.

Test 47

산 정상에서 내려다본 경치

지금 등산을 하고 있다. 그림을 보면서 테스트를 해보자.

Q1

높은 산 정상을 향해 등산을 하고 있다. 지금 어느 지점에 와 있는가? 그림을 보고 위치를 선택해 보자.

Q2

지금 서 있는 곳에서 산 정상이 보이는가?

A 확실하게 보인다.
B 거의 보이지 않는다.
C 보이다가 구름에 가려서 보이지 않기도 한다.

Q3

배낭을 메고 있다면 배낭의 무게는 어느 정도인가?

A 꽤 가볍다.
B 매우 무겁다.
C 그렇게 무겁지는 않지만 그렇다고 가볍지도 않다.

Q4

드디어 산 정상에 올랐다. 산 밑의 경치를 내려다보면서 당신은 어떤 말을 할 것인가? 자유롭게 말해보자.

Test 47 진단 결과

이 테스트를 통해 자신이 세워둔 인생의 목표에 얼마나 근접했는지를 확인할 수 있다.

Q1 정상까지의 거리는 인생의 목표 또는 이상까지의 거리

제1지점과 제2지점 정도에 머물러 있는 사람은 자신의 인생이 아직 출발점에 서 있다고 생각한다. 이런 유형의 사람들은 아직 하고 싶은 일, 되고 싶은 것과 너무나 멀리 떨어져 있는 경우가 많다.

제5지점 근처에 와 있는 사람은 어느 정도 자신이 세웠던 목표에 다가가고 있다고 느끼고 있다. 그러나 아직 반은 더 가야 한다고 생각하는 사람이다. 제7, 8지점에 있는 사람은 목표에 거의 근접했다고 생각하고 있다.

정상에 도달한 사람은 이미 자신이 목표로 했던 모든 것을 이뤘다고 생각하는 사람이다.

Q2 인생의 목표가 확실한가?

A를 선택한 사람 자신의 인생에서 명확한 목표와 비전이 있는 사람. 목표로 하고 있는 자신의 이미지를 정확하게 파악하고 '이런 삶을 살고 싶다.'는 확고한 꿈이 있다.

B를 선택한 사람 인생의 목표를 정하지 못하고 스스로 무엇을 해야 좋을지 몰라 방황하는 사람. 아직 '이거다!' 싶은 것을 찾지 못한 사람일 수도 있다.

C를 선택한 사람 목표와 비전은 있지만 아직 확신할 수 없는 상태. 그러나 앞으로 어떤 길을 가야 할 것이라는 간단한 이정표는 세운 셈이다.

Q1과 Q2의 대답을 정리해보면 자신을 괴롭히고 있는 고민과 문제들을 떠올릴 수 있다. 1~2지점에 있어도 산 정상이 잘 보이는 사람은 목표를 달성하기까지 아직 먼 길을 가야 하지만, 앞으로 무엇을 어떻게 해야 할지에 대한 확실한 계획이 선 사람이다. 이런 사람들은 앞으로 큰 흔들림 없이 자신의 길을 걸어갈 수 있다. 반대로 산 정상에 가까이 갔으면서도 정상이 잘 보이지 않는 사람은 지금까지 걸어온 자신의 길에 확신이 없고 '이대로 가도 정말 좋을까?'를 끊임없이 고민하고 있을 것이다.

Test 47 진단 결과

반드시 짊어지고 가야 하는 의무와 책임

A를 선택한 사람 그다지 의무감과 책임감을 느끼지 못하고 스스로 좋아하는 일을 하면서 인생을 즐기는 사람. 또 힘든 일을 힘들다고 생각하지 않고 즐겁게 긍정적으로 처리하는 유형이다.

B를 선택한 사람 의무감과 책임감이 매우 강한 사람이다. 모든 일이 자신의 어깨에 걸려 있다고 생각하기 때문에 솔선수범하며 최선을 다한다. 그러나 고생을 사서 하는 유형이기도 하다.

C를 선택한 사람 보통 사람들처럼 자기에게 주어진 일과 책임을 해결하는 사람이다. 대충 해도 되는 것은 대충 할 줄 알고, 열심히 해야 하는 일은 최선을 다한다. 그러나 간혹 '나는 너무 중간자에 머무르고 있지는 않나?' 하는 고민을 하기도 한다.

현실을 어떻게 느끼고 있는가?

몇 가지 예를 들어보자.

"꽤 높이까지 올라왔네. 정말 높다!" 하고 말한 사람은 목표 달성에 대한 희열에 빠져 있다고 할 수 있다. 이런 사람은 지금 최선을 다하고 얻어낸 열매를 손에 쥐고 즐거워하고 있다.

"우와, 기분 좋다!" 혹은 "경치 좋다!" 하고 말한 사람은 인생을 감동의 드라마로 생각하고 있다.

단순히 "야호!" 하고 소리친 사람은 단순한 사람이며, "의외로 쉽게 여기까지 올라왔네." 하고 말한 사람은 아직 힘이 남아 있으며 지금부터가 진짜 시작이라고 생각한다.

"아, 피곤하다." 혹은 "너무 힘들다."고 말한 사람은 이미 기력을 소진하고 쉬고 싶은 마음이 간절할 것이다.

이 밖에도 여러 가지 이야기를 할 수 있을 것이다. 어쨌든 이 순간의 말 한마디는 무의식적으로 내뱉는 말이다.

Test 48

도깨비 소굴에서 보물을 찾으려면?

달밤에 도깨비가 산다는 계곡에 보물을 찾으러 갔다. 동이 트기 전에 보물을 찾아서 그곳을 빠져나오지 못하면 무서운 일이 벌어지고 만다. 계곡에 다다르자 도깨비들은 정신 없이 술에 취해 놀고 있었다. 어떻게 할까?

A 도깨비들을 때려눕히고 보물을 찾아 돌아온다.

B 도깨비들이 눈치채지 못하게 보물을 훔쳐 도망친다.

C 도깨비들에게 다가가 친해진 다음 조용히 보물을 가져온다.

Test 48 진단 결과

이 테스트를 통해 자신의 내면에 있는 어두운 감정을 어떻게 다스리는지를 파악할 수 있다.

무서운 도깨비는 우리 내면에 숨쉬고 있는 어두운 그림자. 그래서 도깨비를 대하는 방식은 스스로를 힘들게 하는 어두운 생각들과 어떻게 맞서는지를 확인할 수 있다.

A 내 인생은 내가 개척한다!

선택한 사람

스스로의 인생은 자기 힘으로 개척한다는 강한 의지를 가진 사람이다. 따라서 언제나 적극적인 자세로 임하며 최선을 다한다. 반면에 내면에 자리하고 있는 부정적인 마음, 특히 약한 모습을 발견하면 많이 힘들어하는 유형이다. 그래서 이런 감정이 발목을 잡을지도 모른다. 때로는 상처받은 모습, 힘든 자신의 모습을 보듬어 안는 여유를 가져보는 것은 어떨까?

B 주위 사람들에게 맞추는 사람

선택한 사람

주위 사람들이 자신에게 거는 기대에 부응하기 위해 노력하는 사람이다. 비록 자기 안에는 부정적인 모습과 힘든 모습이 있을지라도 꿋꿋하게 최선을 다한다. 이렇게 약한 자신을 억누르면서 '내 인생은 이미 정해져 있어.' 하며 스스로를 안심시키곤 한다. 조금 더 자신의 부정적인 모습, 약한 모습을 받아들여 '조금 약한 모습 보여도 괜찮아.' 하며 스스로를 안심시켜보면 어떨까?

자기만의 세계에서 살아갈 수 있는 사람

자신의 부정적인 모습과 약한 모습을 그대로 끌어안을 줄 아는 사람이다. 비록 자신의 약한 모습 때문에 일이 잘못될지라도 두려워하지 않고 자신의 모든 모습을 인정한다. 이런 모습은 장래에 창조적인 일을 하는 데 큰 힘이 될 것이다. 단, 현실 세계에서 너무 멀리 떨어져 가상공간에 묻혀버릴 위험성도 배제할 수 없다.

Test 49

특별한 알에서 무엇이 태어날까?

여기 알이 하나 있다고 가정해보자.
이 알은 조금 특별하다. 이 알에 대해 다음 질문에 대답해보자.

알의 크기는? 자기 기준으로 대답해보자.

A 매우 크다.
B 크다.
C 그다지 크지 않다.
B 작다.

알에는 금이 가고 이제 곧 부화가 시작되려고 한다. 부화가 끝날 때까지 어느 정도 시간이 걸리겠는가? 다음 눈금에 표시해보자.

```
┬ 지금 바로 태어난다.
├
├
├
├
├
├
├
┴ 꽤 오랜 시간이 걸린다.
```

알에서 태어난 생물은 무엇인가? 또 부화할 때까지 어떤 마음으로 기다릴 것인가? 부화까지의 장면을 상상하면서 자유롭게 이야기해보자.

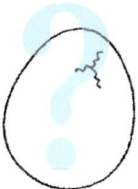

Test 49 진단 결과

이 테스트를 통해 당신이 '꿈에 그리는 자신의 모습'이 될 수 있는지를 파악할 수 있다.

이 테스트에서는 '자아실현 욕구'를 알아본다. 자아실현 욕구란 내면에 존재하는 가능성=잠재능력을 모두 발휘함으로써 '꿈에 그리는 자신의 모습'을 실현하기 위한 스스로의 욕구를 의미한다.

Q1 자신의 잠재능력을 어느 정도 느끼고 있나?

알의 크기는 자기 내면에 잠재된 능력을 얼마나 느끼고 있는지를 표현한다. 이 문제에서 A를 선택한 사람은 자기 자신의 큰 가능성을 확신하고 잠재능력을 최대한 발휘하고 싶어하는 사람이다. B를 선택한 사람은 A 정도는 아니지만 스스로의 가능성을 믿고 자아실현을 위해 노력하는 유형이다. C를 선택한 사람은 스스로에게 그다지 큰 기대를 걸지 않는 사람으로 자기실현의 욕구가 거의 없다. D를 선택한 사람은 자기가 가지고 있는 잠재력보다 훨씬 낮은 평가를 하고 있다.

꿈에 그리는 자신의 모습과 지금 모습과의 괴리

알에서 생명체가 부화되기까지 걸리는 시간은 스스로의 능력을 최대한 발휘하여 '이렇게 되고 싶다.'고 생각하고 있는 모습이 되기까지 걸리는 시간이다. 시간이 오래 걸리는 사람일수록 이상적으로 생각하는 자신의 모습과 현재 자신의 모습 간의 괴리가 크다.

 ### 자기가 만들어낼 수 있는 것과 그것에 대한 느낌

알에서 부화되는 생명체는 자신이 만들어낼 수 있는 어떤 것을 의미한다. 예를 들어 "지금까지 접하지 못했던 뭔가 새로운 것." "멋지고 대단한 것."이라고 얘기하며 기대에 부풀어 있는 사람도 있겠지만, "쓸데없는 것." "보잘것없는 것."이라며 그다지 기대하지 않는 사람도 있을 것이다. 부정적인 답변을 한 사람이라면 그 답변을 그대로 놔둘 것이 아니라 긍정적인 것으로 승화시킬 수 있도록 노력해보자. 예를 들어 기분 나쁘다고 생각했다면 다른 사람과는 전혀 다른 독특한 감성을 가지고 있을 수도 있으며, 보잘것없는 것이라고 생각한 사람도 다른 사람에게 웃음을 선사하는 기질이 숨어 있을지도 모른다.

Test 50

세 곳의 파티에서 동시에 초대받으면?

파티 초대장이 세 장 우송되었다. 모두 같은 날, 같은 시각에 열릴 예정이다. 이 가운데 어떤 파티에 참석하겠는가? 각 초대장을 읽어보고 선택해보자.

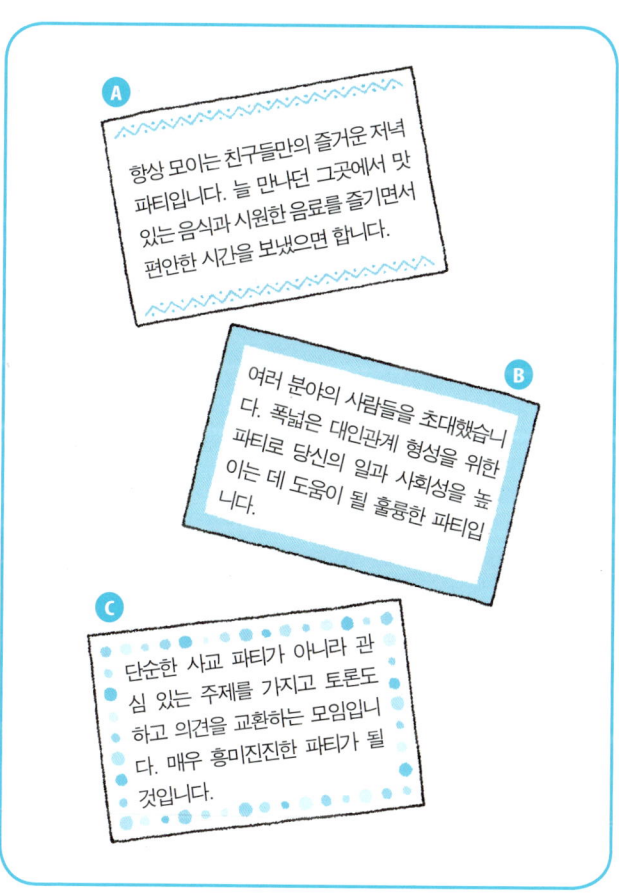

A 항상 모이는 친구들만의 즐거운 저녁 파티입니다. 늘 만나던 그곳에서 맛있는 음식과 시원한 음료를 즐기면서 편안한 시간을 보냈으면 합니다.

B 여러 분야의 사람들을 초대했습니다. 폭넓은 대인관계 형성을 위한 파티로 당신의 일과 사회성을 높이는 데 도움이 될 훌륭한 파티입니다.

C 단순한 사교 파티가 아니라 관심 있는 주제를 가지고 토론도 하고 의견을 교환하는 모임입니다. 매우 흥미진진한 파티가 될 것입니다.

Test 50 진단 결과

이 테스트를 통해 자신의 능력을 향상시킬 수 있는 취미와 평생교육 프로그램을 알 수 있다.

어떤 초대장을 선택했는가에 따라 어떤 분야에 관심이 많고 어떤 일을 하고 싶어하는지를 알 수 있다. 이를 토대로 앞으로 능력을 키우고 즐겁게 시작할 수 있는 취미와 평생교육 프로그램을 찾아낼 수 있다.

선택한 사람

집 꾸미기에 도움이 되는 실용적인 취미를

자기보존 욕구가 매우 강한 사람. 살아가는 데 필요한 것을 충족시키고 돈을 벌고 집을 장만하고 쾌적한 환경을 만드는 것을 중요하게 생각한다. 자기 자리를 보존하려는 의지가 강하며 그 자리에서 편안하게 시간을 보낼 수 있는 여유를 중요하게 생각한다.

추천 취미·평생교육 도예, 요리, 공예, 낚시 등 마음의 안정을 취하면서 조용히 자기를 위해 시간을 쓸 수 있는 일.

선택한 사람

모두가 함께 할 수 있는 봉사활동과 스포츠를

사회성이 강한 사람이다. 사회 속에서 사람들과 어울리길 좋아하고 처음 만난 사람과 친구가 되는 일을 즐기는 편이다. 집에 가만히 있기보다는 밖으로 나가 활동적인 일을 하면 마음이 편안해지는 유형이다.

추천 취미·평생교육 여러 가지 그룹 활동, 종교 단체의 봉사활동, 스포츠 활동 등.

푹 빠져들 수 있는 창작활동을

성적 욕구가 강한 사람. 성적인 욕구가 강한 사람은 이성이든 동성이든 매력적인 사람과 시간을 같이 보내고 싶어하며 자극적이고 신선한 것을 즐기는 편이다. 이런 사람일수록 뭔가 한 가지에 집중하여 한 곳에 에너지를 쏟아붓는 일이 어울린다.

추천 취미·평생교육 영화, 독서, 창작활동, 지적 탐구를 할 수 있는 세미나 등.

A, B, C 세 가지 욕구는 누구나 가지고 있다. 그 중에 어떤 욕구가 더 강한가에 따라 사람마다 관심 분야가 다르게 나타난다.

Test 51

마녀에게서 받은 선물

마녀에게서 네 가지 선물을 받았다. 그 선물을 노린 유령 셋이 나타났다. 무사히 마법세계에서 탈출하려면 유령들에게 선물을 하나씩 줘야 한다. 어떤 선물부터 포기하겠는가? 다음 선물을 보고 차례로 하나씩 골라보자. 또 마지막까지 간직하고 싶은 선물은?

A 마법 가면

B 마법 항아리

C 마법 날개

D 마법 과자

제5장 미래의 나를 위해 축배!

Test 51 진단 결과

이 테스트를 통해 인생에서 중요하게 생각하는 것과 포기할 수 있는 것을 파악할 수 있다.

마녀가 준 선물은 살아가면서 꼭 필요하다고 느꼈던 것, 갖고 싶었던 것을 의미한다. 이 테스트에서는 네 가지 선물 중에서 자신이 무엇을 가장 중요하게 생각하는지, 그것을 얻기 위해 어떤 것들을 포기하는지를 알아볼 수 있다.

각각 선물의 의미는 다음과 같다.

A 마법 가면 : 자존심
B 마법 항아리 : 돈
C 마법 날개 : 자유
D 마법 과자 : 사랑

종합진단

예를 들어 제일 처음 마법 가면을 버린 사람은 다른 것을 위해서라면 자존심쯤은 쉽게 버릴 수 있다고 생각한다. 마지막까지 놓지 않은 선물이 마법 항아리였다면 인생에서 돈이 가장 중요하다고 생각하는 사람이다.

- **버리는 순서가 ① 마법 항아리(돈) ② 마법 과자(사랑)**
  ③ 마법 가면(자존심) ④ 마법 날개(자유)라면

이 사람은 자유로운 삶을 추구하는 자유주의자일지도 모른다. 돈이나 사랑하는 사람, 지금 생활보다는 자유를 찾아 떠나는 사람으로 회사생활과 전형적인 결혼생활을 견디기 힘들어할 유형이다.

- **버리는 순서가 ① 마법 과자(사랑) ② 마법 가면(자존심)**
  ③ 마법 날개(자유) ④ 마법 항아리(돈)라면

이 사람은 돈과 재산을 위해서라면 뭐든지 포기할 수 있다고 생각하는 유형이다. 돈을 위해서라면 수단을 가리지 않으며 애인, 가족, 친구도 포기할 수 있는 사람이다. 이런 유형의 사람들은 돈만 있으면 뭐든 할 수 있다고 믿는 경우가 많다.

Test 52

풍선이 날아가는 곳은?

놓쳐버린 풍선이 하늘 높이 올라가 바람을 타고 어디론가 날아가 버렸다. 그 후 풍선은 어떻게 되었을까?

A 까마귀에게 쪼여서 터져버렸다.

B 옆 동네로 날아갔다.

C 너무 높이 날아가서 보이지 않게 되었다.

D 바다를 건너 전혀 모르는 낯선 곳으로 날아갔다.

Test 52 진단 결과

이 테스트를 통해 꿈과 희망이 실현될 수 있는 가능성을 점쳐볼 수 있다.
풍선은 꿈과 희망을 상징한다. 그래서 풍선의 행방으로 자신이 꿈꾸고 있는 일과 희망이 실현될 수 있는 가능성을 미리 내다볼 수 있다.

'꿈은 꿈일 뿐.' 애초에 기대도 하지 않는다

무의식 중에 자신의 꿈과 희망은 절대로 이루어질 수 없다고 믿고 있다. 따라서 꿈을 크게 가지지 않도록 노력하며 언제나 포기하는 습성이 있다.

가능성이 있는 꿈을 꾸며 그 꿈을 위해 노력한다

꿈과 희망이 매우 현실적이어서 자신의 노력 여하에 따라 실현될 수도 있다. 최선을 다한다면 반드시 이뤄질 것이다.

꿈은 큰 공상가이지만 노력하지 않는다

선택한 사람

상상 속에서 큰 꿈을 키우고 있다. 현실에서는 결코 이뤄질 수 없을 것 같은 희망을 아무런 노력도 하지 않고 그저 상상만 하고 있다. 결국 꿈은 꿈이고 희망은 희망일 뿐이라는 말을 실감하게 될 뿐이다.

큰 꿈을 가지고 그 일을 실현하기 위해 노력한다

선택한 사람

큰 꿈과 희망을 가지고 있으며 언젠가 그 일을 반드시 실현하겠다고 생각하는 사람이다. 그리고 시간이 걸리더라도 꿈을 위해 최선을 다하는 집념을 보이므로 결국 꿈을 이뤄낼 수 있다.

| 마치면서 |

심리 테스트 결과는 받아들일 만했는지?
아마도 "딱 맞아!" "그래 바로 이거야!" 하고 크게 수긍한 테스트 결과가 많았겠지만, '글쎄?' 하며 고개를 갸우뚱한 결과도 있었을 것이다.
이런 모든 느낌은 자신의 내면세계에서 나타나는 '그 어떤' 반응이다. 그 어떤 반응이란 자신이 가장 집착하고 중요하게 생각하는 것일 수 있다. 혹은 결코 인정하고 싶지 않은 그 무언가일 수도 있다.
그래서 그 무언가에는 지금까지 중요하게 생각했던 일과, 지금까지 발견하지 못했던 자신의 능력 또는 본모습을 찾을 수 있는 실마리가 있을지도 모른다.

이 심리 테스트 책은 우리의 마음을 유연하게 풀어주는 '심리 스트레칭'이다. 52가지 심리 테스트를 해보면서 독자 여러분이 융통성 있고 넓은 마음을 가질 수 있게 되었기를 기원한다.

왜 여우 같은 여자가 괜찮은 남자를 잡을까?
여우의 연애비법

도서출판 이젠
Dr.굿윌 지음 · 이희정 옮김 | 230쪽 | 값 12,000원

카리스마 연애 카운슬러,
Dr.굿윌의 연애 지침서!
남자를 믿지 마라!
더 중요한 것은 남자를 이해하는 것이다!

갖고 싶은 남자가 있는가?
진짜 괜찮은 남자를 잡고 싶은가?
남자의 속마음을 알아야 연애가 잡힌다!

더 이상 연애 때문에 쩔쩔매지 말라!
Dr. 굿윌이 솔직하게 털어놓는 남자들의 연애 심리!
그리고 이 비법을 깨친 여우들의 성공확률 100% 연애 행동 양식!

3분이면 상대의 심리를 꿰뚫을 수 있다!
3분 심리학

도서출판 이젠
시부야 쇼조 지음 · 이희정 옮김 | 192쪽 | 값 10,000원

상대방의 말(언어)만으로 그 사람의 진심을 알 수 없다!
몸짓, 눈짓을 통해 알아채는 심층심리의 모든 것!
'상대방의 심리'를 파악하고 '인간관계'의 중요성을 되새긴다!

이 책의 저자는 비언어 커뮤니케이션을 기초로 '공간행동학'이라는 연구 영역을 개척하여 사람들의 사소한 몸짓과 행동의 의미를 밝히는 심층심리를 연구하였다. 이 책은 그 연구 결과 밝혀진 인간관계와 연애, 비즈니스 등에 바로 응용할 수 있는 실전에 강한 심리학 개론서이다. 하지만 그 내용이 딱딱하거나 무겁지 않다. 여러 심리 실험과 심리 테스트를 소개하고 있어 저자의 설명에 신뢰감이 더해진다.

KOKORO NO HONNE GA YOKU
WAKARU MAHO NO SHINRI TEST
by NAKAJIMA Masumi
Copyright ⓒ 2003 NAKAJIMA Masumi
All rights reserved.
Originally published in Japan by NAGAOKA SHOTEN, Tokyo.
Korean translation rights arranged with
NAGAOKA SHOTEN, Japan through THE SAKAI AGENCY.

이 책의 한국어판 저작권은 THE SAKAI AGENCY를 통한
저작권자와 독점 계약한 (주)이젠미디어에 있습니다.
신 저작권법에 의하여 한국 내에서 보호를 받는 저작물이므로
무단 전재와 무단 복제를 금합니다.

❶ Self Testing
마법의 심리 테스트

3판 1쇄 발행 2010년 8월 20일 **3판 3쇄 발행** 2011년 9월 15일
지은이 나카지마 마스미 **옮긴이** 명성현 **펴낸이** 임요병 **디자인** 이준정
펴낸곳 (주)이젠미디어 **등록** 1992년 5월 21일 제4-177호
주소 서울시 마포구 서교동 447-5 풍성빌딩 2층
전화 02-324-4001 **팩스** 02-324-4002
e-mail editor@ezenmedia.co.kr   **값** 8,000원
ISBN 978-89-89006-41-1 14180   **한국어 판권** ⓒ (주)이젠미디어, 2006
※ 잘못 만들어진 책은 구입하신 서점에서 교환해 드립니다.